ES LEBE DIE WEIHNACHT IN ALL IHRER PRACHT

Weihnachten mit Charles Dickens

 aufbau

Illustration zu
»Ein Weihnachtslied in Prosa«
von John Leech, 1843

ES LEBE DIE WEIHNACHT IN ALL IHRER PRACHT

Weihnachten mit Charles Dickens

 aufbau

Herausgegeben
von Antje Erdmann-Degenhardt

ISBN 978-3-351-03489-4

Aufbau ist eine Marke der Aufbau Verlag GmbH & Co. KG

1. Auflage 2019
© Aufbau Verlag GmbH & Co. KG, Berlin 2019
Die Originalausgabe erschien 2005 bei Aufbau,
einer Marke der Aufbau Verlag GmbH & Co. KG
Einbandgestaltung zero-media.net, München, unter
Verwendung eines Bildes von © The Christmas Tree, 1911 (oil
on canvas), Tayler, Albert Chevallier (1862–1925)/Private
Collection/Bridgeman Images
Satz LVD GmbH, Berlin
Druck und Binden CPI books GmbH, Leck, Germany
Printed in Germany

www.aufbau-verlag.de

Inhalt

Die Geschichte von den Kobolden, die einen
Totengräber stahlen   9

An die Geschäftsleute Bradbury und Evans . . .   33

Eine Winterreise des Pickwick-Klubs zur Manor
Farm   35

Weihnachtstage auf Manor Farm   45

Ein Weihnachtsmahl   56

Der Weihnachtstag eines Geizhalses   67

Ein Weihnachtsbaum im viktorianischen Eng-
land   88

Der Geist der diesjährigen Weihnacht   97

Ländliche Weihnacht 115

Das Weihnachtsfest des Charles Barnard 128

Vorweihnachtliche Kutschfahrt 133

An George Dolby 151

Das neue Jahr 152

Quellenverzeichnis 159

There is probably a smell of roasted chestnuts and other good comfortable things all the time, for we are telling Winter Stories – Ghost Stories, or more shame for us – round the Christmas fire; and we have never stirred, except to draw a little nearer to it.

Wahrscheinlich hängt die ganze Zeit über ein Duft von gerösteten Kastanien und anderen guten Dingen im Haus, während wir uns Wintergeschichten erzählen – Geistergeschichten, wie es sich gehört – rund um das Weihnachtsfeuer; und wir haben uns nicht gerührt, es sei denn, daß wir etwas näher ans Feuer gerückt sind.

Die Geschichte von den Kobolden, die einen Totengräber stahlen

In einer alten Klosterstadt in diesem Teil unserer Grafschaft amtierte vor langer, langer Zeit – so lange, daß die Geschichte wahr sein muß, denn unsere Urgroßväter glaubten sie unbedingt – als Küster und Totengräber auf dem Friedhof ein gewisser Gabriel Grub. Daraus, daß ein Mann Totengräber und ständig von den Sinnbildern der Sterblichkeit umgeben ist, folgt noch keineswegs, daß er ein grämlicher und schwermütiger Mensch sein muß; unsere Leichenbestatter sind die fröhlichsten Burschen der Welt, und einmal hatte ich die Ehre, mit einem Begräbniswärter befreundet zu sein, der im Privatleben und in seiner Freizeit ein so drolliger und lustiger kleiner Kerl war, wie nur je einer ein unbekümmertes Liedchen zwitscherte, ohne ein Stocken in seinem Gedächtnis, und der den steifen Inhalt eines tüchtigen Glases leerte, ohne Atem zu holen. Doch ungeachtet dieser Gegenbeispiele war Gabriel Grub ein boshafter, widerborstiger und sauertöpfischer Kerl – ein grämlicher und einsamer Mensch, der mit niemandem Umgang hatte als mit sich selbst und einer alten Korbflasche, die in seine geräumige, tiefe Westentasche paßte –, der jedes fröhliche Gesicht, das an ihm vorbeizog, mit einem so abgrundtief boshaften und übellaunigen Blick bedachte, daß man ihm schwerlich zu begegnen vermochte, ohne sich deswegen übler zu fühlen.

Kurze Zeit vor der Dämmerung an einem Weihnachtsabend schulterte Gabriel seinen Spaten, zündete seine Laterne an und machte sich auf den Weg nach dem alten Friedhof, denn er mußte bis zum nächsten Morgen ein Grab geschaufelt haben, und da er sich sehr niedergeschlagen fühlte, meinte er, es könne vielleicht seine Stimmung heben, wenn er seine Arbeit gleich fortsetzte. Als er so die alte Straße entlangging, sah er den fröhlichen Schein flackernder Feuer durch die alten Fenster schimmern und hörte das laute Lachen und den frohen Jubel derer, die sich darum geschart hatten; er vermerkte die geschäftigen Vorbereitungen für das Festmahl am nächsten Tag und roch die zahllosen lieblichen Düfte davon, die in Wolken aus den Küchenfenstern dampften. All das war Bitterkeit und Wermut für Gabriel Grubs Herz, und als Kinderscharen aus den Häusern sprangen, über die Straße hüpften und, ehe sie noch an die Tür gegenüber klopfen konnten, von einem halben Dutzend kleiner lockenköpfiger Rangen umringt wurden, die ihnen schon entgegengeeilt waren und mit ihnen treppauf stoben, um den Abend bei ihren Weihnachtsspielen zu verbringen, lächelte Gabriel grimmig, umklammerte den Griff seines Spatens fester und dachte an Masern, Scharlachfieber, Mundfäule, Keuchhusten und noch viele andere Quellen des Trostes.

In dieser glücklichen Gemütsverfassung schritt Gabriel einher und antwortete mit einem kurzen, mürrischen Knurren auf den gutmütigen Gruß hin und wieder an ihm vorbeikommender Nachbarn, bis er in die dunkle Gasse bog, die zum Friedhof führte. Gabriel hatte sich schon danach gesehnt, diese dunkle Gasse zu erreichen, denn sie war im Grunde genommen ein recht düsteres, trauriges Fleckchen Erde, und die Bewohner der Stadt legten keinen großen Wert darauf, sie, außer bei hellem Tageslicht

11

und Sonnenschein, zu betreten; deshalb war er auch nicht wenig entrüstet, als er in diesem Heiligtum, das seit den Tagen des alten Klosters und der Zeit der geschorenen Mönche die Sarggasse hieß, einen kleinen Schelm mit lauter Stimme ein lustiges Lied von einer fröhlichen Weihnacht singen hörte. Als Gabriel weiterging und die Stimme näher kam, entdeckte er, daß sie einem kleinen Jungen gehörte, der sich sputete, bei einer der kleinen Festlichkeiten in der alten Straße mitzuhalten, und nun, teils um sich selbst Gesellschaft zu leisten, teils um sich auf das Ereignis vorzubereiten, aus vollen Lungen sein Liedchen sang. Also wartete Gabriel, bis der Bub heran war, drängte ihn dann in einen Winkel und schlug ihm fünf-, sechsmal seine Laterne über den Kopf, um ihn seine Stimme modulieren zu lehren. Und als der Bub, die Hand am Kopf, davonlief und nun eine ganz andere Melodie sang, kicherte Gabriel Grub von Herzen in sich hinein und betrat den Friedhof, dessen Tor er hinter sich schloß.

Er legte seinen Rock ab, stellte seine Laterne nieder, stieg in das unfertige Grab und arbeitete etwa eine Stunde lang mit allerbestem Willen. Doch die

Erde war durch den Frost hart geworden, und es war nicht leicht, sie aufzubrechen und auszuschaufeln, und obgleich der Mond schien, warf er nur wenig Licht auf das Grab, das im Schatten der Kirche lag, weil es ein sehr junger Mond war. Zu anderer Zeit hätten dergleichen Behinderungen Gabriel Grub sehr verdrießlich und unglücklich gemacht, aber nun freute es ihn so sehr, dem kleinen Bub das Singen ausgetrieben zu haben, daß er wenig darauf achtete, wie spärliche Fortschritte er machte, und mit grimmiger Genugtuung in das Grab niederblickte, als er die Arbeit für diesen Abend beendet hatte, und, während er seine Sachen einsammelte, vor sich hin murmelte:

Schöne Wohnung für einen frei,
Ein paar Fuß kalte Erde, ist das Leben vorbei,
Zu Häupten ein Stein, zu Füßen ein Stein,
Ein saftiges Festmahl für Würmer wirst sein;
Ein Dach fetten Grases, rundum feuchter Lehm,
In geheiligtem Boden wohnt sich's bequem!

»Hoho!« lachte Gabriel Grub, während er sich auf eine flache Grabplatte setzte, die sein liebster Ruheplatz war, und seine Korbflasche hervorholte. Ein

Sarg zu Weihnachten! Ein Weihnachtsgeschenk. Hohoho!«

»Hohoho!« wiederholte eine Stimme dicht neben ihm.

Gabriel hielt etwas erschrocken in dem Werk inne, die Korbflasche an die Lippen zu heben, und sah sich um. Der Grund des ältesten Grabes ringsum konnte nicht stiller und friedlicher sein als der Kirchhof im bleichen Mondlicht. Der eisige Rauhreif glitzerte auf den Grabmalen und funkelte wie Ketten von Edelsteinen in den steinernen Bildwerken der alten Kirche. Hart und spröde lag der Schnee über dem Boden und breitete eine so weiße und glatte Decke über die dicht beieinander liegenden Erdhügel, daß es aussah, als lägen dort Leichname, die nur ihr Sterbehemd einhüllte. Nicht das leiseste Rascheln durchbrach die tiefe Stille des feierlichen Bildes. Jeder Laut schien eingefroren zu sein, so kalt und still war alles.

»Es war das Echo«, sagte Gabriel Grub und hob abermals die Flasche an die Lippen. »Mitnichten«, sagte eine tiefe Stimme.

Gabriel sprang auf und stand vor Staunen und Entsetzen wie angewurzelt, denn seine Augen ruhten auf einer Gestalt, die ihm das Blut gefrieren ließ.

Auf einem aufrecht stehenden Grabstein, dicht vor ihm, saß ein sonderbares, unirdisches Wesen, das kein Geschöpf dieser Welt sein konnte, das fühlte Gabriel sofort. Seine langen, wunderlichen Beine, die wohl bis auf den Boden gereicht hätten, hatte es hochgezogen und auf eine merkwürdige und ganz ausgefallene Art gekreuzt, die sehnigen Arme waren bloß, und seine Hände ruhten auf den Knien. Sein kurzer, rundlicher Leib steckte in einer mit Schlitzen gezierten, eng anliegenden Hülle, und ein Mäntelchen baumelte über seinem Rücken; dessen Kragen war zu zierlichen Spitzen ausgeschnitten, die dem Kobold als Halskrause oder als Halsbinde dienten, und seine Schuhe bogen sich an den Zehen zu langen Haken empor. Auf dem Kopf trug er ein breitkrempiges zuckerhutähnliches Gebilde mit einer einzigen Feder. Weißer Rauhreif bedeckte den Hut, und der Kobold sah aus, als säße er auf dem nämlichen Grabstein höchst bequem bereits an die zwei- oder dreihundert Jahre. Er saß völlig gelassen da, hatte wie zum Hohn die Zunge ausgestreckt und grinste Gabriel Grub mit einem Grinsen an, wie es nur ein Kobold aufzubieten vermag.

»Es war mitnichten das Echo«, sagte der Kobold.

Gabriel Grub war wie gelähmt und vermochte nicht zu antworten.

»Was tust du hier am Weihnachtsabend?« fragte der Kobold streng.

»Ich kam, ein Grab zu schaufeln, Sir«, stammelte Gabriel Grub.

»Welcher Mensch treibt sich an einem Abend wie diesem zwischen Gräbern und auf Kirchhöfen herum?« schrie der Kobold.

»Gabriel Grub! Gabriel Grub!« kreischte ein wüster Chor von Stimmen, die den ganzen Friedhof zu erfüllen schienen. Gabriel blickte ängstlich in die Runde – nichts war zu sehen.

»Was hast du in jener Flasche?« fragte der Kobold.

»Holländischen Genever, Sir«, antwortete der Totengräber und schlotterte noch heftiger, denn er hatte ihn von Schmugglern gekauft und dachte, sein Fragesteller könne womöglich dem Akziseamt der Kobolde angehören.

»Wer trinkt an einem Abend wie diesem allein

und auf einem Kirchhof holländischen Genever?«
sagte der Kobold.

»Gabriel Grub! Gabriel Grub!« schrien abermals
die wüsten Stimmen.

Der Kobold warf einen boshaften Blick auf den
entsetzten Totengräber und rief sodann mit erhobe-
ner Stimme: »Wer ist demnach unsere gerechte und
gesetzmäßige Beute?«

Auf diese Frage antwortete der unsichtbare Chor
mit einem Gesang, der wie die Stimmen vieler Cho-
risten zum mächtigen Crescendo der alten Kirchen-
orgel klang – einem Gesang, den ein ungestümer
Wind zu des Totengräbers Ohren zu tragen schien
und der erstarb, als er weiterfegte; aber der Kehr-
reim der Antwort war immer noch der nämliche:
»Gabriel Grub! Gabriel Grub!«

Der Kobold grinste ihn mit einem noch breiteren
Grinsen als zuvor an, während er fragte: »Nun,
Gabriel, was sagst du dazu?«

Der Totengräber schnappte nach Luft.

»Was hältst du von diesen hier, Gabriel?« fragte
der Kobold, stieß zu beiden Seiten des Grabsteins
die Füße in die Luft und blickte mit so großem
Wohlgefallen auf die nach oben gebogenen Spitzen,

als betrachte er die modernsten Langschäfter in der ganzen Bond Street.

»Sie sind – sie sind – sehr ungewöhnlich, Sir«, erwiderte der Küster, halb tot vor Angst, »sehr ungewöhnlich und sehr hübsch, aber ich denke, ich werde jetzt wieder zurückgehen und meine Arbeit beenden, Sir, wenn's beliebt.«

»Arbeit?« sagte der Kobold. »Was für Arbeit?«

»Das Grab, Sir, das Grab schaufeln«, stotterte der Totengräber.

»Oh, das Grab, wie?« sagte der Kobold. »Wer schaufelt Gräber zu einer Zeit, da alle anderen Menschen fröhlich sind, und findet noch Vergnügen daran?«

Wieder antworteten die geheimnisvollen Stimmen: »Gabriel Grub! Gabriel Grub!«

»Ich fürchte, meine Freunde verlangen nach dir, Gabriel«, sagte der Kobold und streckte in seiner Unverschämtheit die Zunge noch weiter heraus denn je – und eine ganz erstaunliche Zunge war es – »ich fürchte, meine Freunde verlangen nach dir, Gabriel«, sagte der Kobold.

»Mit Verlaub, Sir«, erwiderte der von Grauen gepackte Totengräber, »das kann wohl nicht angehen,

18

Sir, sie kennen mich ja nicht, Sir, ich glaube nicht, daß mich die Herren je gesehen haben, Sir.«

»O doch«, erwiderte der Kobold, »wir kennen den Mann mit dem mürrischen Gesicht und der grimmigen Miene, der heute abend durch die Straße ging und böse Blicke auf die Kinder warf und seinen Totengräberspaten fester packte. Wir kennen den Mann, der in der neidischen Bosheit seines Herzens den Jungen schlug, weil der Bub fröhlich sein konnte und er nicht. Wir kennen ihn, wir kennen ihn.«

Hierauf brach der Kobold in ein lautes, schrilles Lachen aus, das die Echos zwanzigfach zurückgaben, warf auf der schmalen Kante des Grabsteins die Beine in die Luft und stellte sich auf den Kopf oder vielmehr auf die Spitze seines Zuckerhutes, worauf er mit außerordentlicher Geschicklichkeit einen Purzelbaum genau vor die Füße des Totengräbers schlug und sich in der Haltung hinpflanzte, wie die Schneider auf ihren Werktischen zu sitzen pflegen.

»Ich – ich – fürchte, ich muß Sie verlassen, Sir«, sagte der Totengräber, bestrebt, sich zu entfernen.

»Uns verlassen?« rief der Kobold. »Gabriel Grub will uns verlassen? Hohoho!«

Während der Kobold lachte, bemerkte der Totengräber für einen Augenblick einen hellen Schein in den Fenstern der Kirche, als wäre das ganze Gebäude erleuchtet; er verschwand, die Orgel dröhnte eine muntere Weise, und ganze Trupps von Kobolden, jeder eine haargenaue Kopie des ersten, strömten in den Friedhof und begannen über die Grabsteine Bockspringen zu veranstalten, ohne auch nur einen Augenblick zum Atemholen innezuhalten, dagegen setzten sie einer nach dem anderen mit einer Behendigkeit sondergleichen über die höchsten Grabsteine hinweg. Der erste Kobold war ein ganz wunderbarer Springer, keiner von den anderen konnte an ihn heranreichen, selbst in seiner unmäßigen Angst entging es dem Totengräber nicht, daß der erste im Gegensatz zu seinen Freunden, die sich damit begnügten, über Grabsteine von gewöhnlichem Umfang zu springen, mit einer Leichtigkeit über Familiengrüfte samt Eisengittern und allem hinwegsetzte, als wären es Prellsteine.

Schließlich erreichte das Spiel einen ungemein erregenden Höhepunkt, die Orgel spielte schneller und schneller, und die Kobolde sprangen rascher und rascher, rollten sich zusammen, kugelten köpflings über den Boden und hüpften wie Fußbälle über die Grabsteine. Dem Totengräber wirbelte vom Anblick der geschwinden Bewegung der Kopf, und die Beine wankten unter ihm, während die Geister vor seinen Augen umherflogen; da stürzte sich plötzlich der Koboldkönig auf ihn, packte ihn am Kragen und fuhr mit ihm in die Erde hinab.

Als Gabriel Grub Zeit hatte, Atem zu schöpfen, den ihm die Geschwindigkeit der Niederfahrt für eine Weile benommen hatte, sah er sich in etwas wie einer großen Höhle, rings umgeben von einer Unmenge häßlicher und grimmiger Kobolde; in der Mitte des Raumes thronte auf einem erhöhten Sitz sein Freund vom Kirchhof, und dicht neben ihm stand er selbst, Gabriel Grub, außerstande, sich zu rühren.

»Kalt heute abend«, sagte der König der Kobolde, »sehr kalt. Ein Glas Warmes her!«

Auf diesen Befehl hin verschwanden eilends ein halbes Dutzend dienstfertiger Kobolde, die Gabriel Grub wegen des ständigen Lächelns auf ihren Gesichtern für Höflinge hielt, und kehrten sogleich mit einem Humpen flüssigen Feuers zurück, den sie dem König kredenzten.

»Ah!« rief der Kobold, dessen Wangen und Kehle durchscheinend wurden, als er die Flamme hinuntergoß. »Das wärmt einen wirklich! Bringt Mr. Grub einen Humpen vom selben.«

Vergeblich beteuerte der unglückliche Totengräber, daß es nicht seine Gewohnheit sei, zur Nacht etwas Warmes zu trinken; einer von den Kobolden hielt ihn fest, während ihm ein anderer die lodernde Flüssigkeit in die Kehle goß, und die ganze Versammlung kreischte vor Gelächter, als er hustete und würgte und sich die Tränen abwischte, die ihm aus den Augen strömten, nachdem er den brennenden Trank geschluckt hatte.

»Und nun«, sagte der König und piekte dem Totengräber in seiner launigen Art die Spitze seines Zuckerhutes ins Auge, was Gabriel Grub die heftigste Pein bereitete, »und nun zeigt dem Mann der Trübsal und Düsternis ein paar Bilder aus unserer großen Schatzkammer!«

Bei diesen Worten des Kobolds wälzte sich eine dicke Wolke, die den Hintergrund der Höhle verdunkelt hatte, allmählich beiseite und enthüllte, anscheinend in großer Entfernung, eine kleine und spärlich eingerichtete, aber schmucke und reinliche

Stube. Eine Schar kleiner Kinder hatte sich um ein helles Feuer versammelt, klammerte sich an das Kleid der Mutter und hüpfte um ihren Stuhl herum. Hin und wieder stand die Mutter auf und zog den Fenstervorhang zur Seite, als halte sie Ausschau nach jemandem, den sie erwartete; ein einfaches Mahl stand auf dem Tisch, und ein Armstuhl war vor das Feuer gestellt. Ein Klopfen an der Tür ließ sich hören, die Mutter öffnete, und die Kinder umdrängten sie und klatschten vor Freude in die Hände, als ihr Vater eintrat. Er war naß und müde und schüttelte den Schnee aus seinen Kleidern, während ihn die Kinder umringten und ihm mit geschäftigem Eifer Mantel, Hut, Stock und Handschuhe abnahmen und damit aus der Stube liefen. Als er sich dann zu Tisch vor das Feuer setzte, kletterten ihm die Kinder auf die Knie und umsprangen ihn, während die Mutter sich neben ihn setzte, und alles schien Glück und Behagen.

Doch fast unmerklich kam eine Veränderung über das Bild. Der Schauplatz war jetzt eine kleine Schlafstube, in der das schönste und jüngste Kind im Sterben lag; die Rosen waren von seinen Wangen geschwunden und das Licht aus seinen Augen, und just als der Totengräber es mit einer Teilnahme betrachtete, die er nie zuvor gefühlt oder gekannt hatte, starb es. Seine kleinen Brüder und Schwestern drängten sich um das Bettchen und ergriffen seine winzige Hand, die so kalt und schwer war, schraken jedoch zurück bei der Berührung und blickten mit ehrfurchtsvoller Scheu auf sein kindliches Gesicht, denn so still und reglos es war und obgleich das schöne Kind in Ruhe und Frieden zu schlafen schien, sahen sie, daß es tot war, und wußten, daß es ein Engel war und aus einem hellen und glücklichen Himmel auf sie niederblickte und sie segnete.

Wieder zog eine leichte Wolke über das Bild, und wieder änderte sich sein Gegenstand. Vater und Mutter waren jetzt alt und hilflos, und die Zahl der Ihrigen hatte sich um mehr als die Hälfte verringert, aber Zufriedenheit und Frohsinn lagen auf jedem Gesicht und strahlten aus aller Augen, da sie sich um den Kamin scharten und die alten Geschichten aus früherer und vergangener Zeit erzählten und ihnen lauschten. Sacht und friedvoll sank der Vater ins Grab, und bald darauf folgte ihm die Gefährtin all seiner Sorgen und Mühen in die letzte Ruhestatt.

Die wenigen, welche die Eltern überlebten, knieten an ihrem Grab und begossen den grünen Rasen, der es deckte, mit ihren Tränen; dann standen sie auf und gingen fort, betrübt und traurig, aber nicht mit bitterem Jammern oder verzweifelten Klagen, denn sie wußten, daß sie sie eines Tages wiedersehen würden; aufs neue mengten sie sich unter die geschäftige Welt, und ihre Zufriedenheit und ihr Frohsinn waren ihnen zurückgegeben. Die Wolke legte sich über das Bild und verbarg es dem Blick des Totengräbers.

»Was hältst du davon?« fragte der Kobold und wandte Gabriel Grub sein breites Gesicht zu.

Gabriel murmelte etwas, daß es sehr hübsch sei, und blickte irgendwie beschämt drein, als der Kobold seine feurigen Augen auf ihn heftete.

»Was für ein erbärmlicher Mensch bist du doch!« sagte der Kobold in einem Ton tiefster Verachtung. »Du …!« Er schien noch etwas hinzufügen zu wollen, aber die Empörung erstickte seine Worte, so hob er eines seiner geschmeidigen Beine empor, schwenkte es ein wenig über dem Kopf, um sich seines Zieles zu vergewissern, und versetzte alsdann Gabriel Grub einen tüchtigen, derben Fußtritt, worauf sich unverzüglich alle diensthabenden Kobolde um den unglücklichen Totengräber drängten und ihn unbarmherzig mit Fußtritten bearbeiteten, nach der feststehenden und unwandelbaren Gewohnheit aller Höflinge auf Erden, die treten, wen die Majestät tritt, und hätscheln, wen die Majestät hätschelt.

»Zeigt ihm noch mehr!« befal der König der Kobolde.

Bei diesen Worten zerteilte sich die Wolke, und eine üppige, schöne Landschaft bot sich dem Blick dar – so eine, wie sie noch heutigentags eine halbe Meile von der alten Klosterstadt entfernt zu sehen ist. Die Sonne schien aus dem klaren blauen Himmel, das Wasser funkelte unter ihren Strahlen, und die Bäume sahen grüner und die Blumen bunter aus unter ihrem erheiternden Einfluß. Das Wasser plätscherte lieblich dahin, die Bäume rauschten in dem leichten Wind, der in den Blättern murmelte, die Vögel sangen auf den Zweigen, und die Lerche jubelte hoch in der Luft dem Morgen ihr Willkommen zu. Ja, es war Morgen, der strahlende, balsamische Morgen des Sommers; das winzigste Blatt, der kleinste Grashalm waren durchdrungen von Leben. Die Ameise krabbelte an ihr Tagewerk, der Schmetterling flatterte und badete in den warmen Sonnenstrahlen, Myriaden von Insekten breiteten ihre durchsichtigen Flügel aus und genossen ihr kurzes, aber glückliches Dasein. Beseligt von dem Anblick wanderte der Mensch, und alles war Glanz und Herrlichkeit.

»Was für ein erbärmlicher Mensch bist du doch!« sagte der König der Kobolde in noch verächtlicherem Ton als zuvor. Und wieder schwenkte der König der Kobolde sein Bein, wieder stieß sein Fuß auf die Schultern des Totengräbers hinab, und wieder ahmten die diensttuenden Kobolde das Beispiel ihres Oberhauptes nach.

Viele Male ging und kam die Wolke, und so manche Lehre erteilte sie Gabriel Grub, der, obgleich seine Schultern von den häufigen Fußtritten heftig schmerzten, mit einer Teilnahme zuschaute, die nichts verringern konnte. Er sah, daß Menschen, die hart arbeiteten und ihr karges Brot durch ein Leben in Plackerei erwarben, heiter und glücklich waren und daß noch dem Einfältigsten das liebliche Antlitz der Natur ein nie versiegender Quell der Heiterkeit und Freude war. Er sah solche, die von der Wiege an zärtlich und liebevoll erzogen worden waren, heiter unter Entbehrungen und erhaben über Leiden, die viele von gröberem Schlag zu Boden gedrückt hätten, weil jene die wesentlichen Voraussetzungen für Glück, Zufriedenheit und Gemütsruhe im Busen trugen. Er sah, daß Frauen, die zartesten und zerbrechlichsten aller Geschöpfe Gottes, am häufigsten über Kummer, Ungemach und Not triumphierten, und erkannte, daß sie es vermochten, weil sie einen unerschöpflichen Born der Liebe und Hingabe im Herzen bargen. Vor allem erkannte er, daß Menschen wie er, die über die Freude und den Frohsinn anderer murrten, das widerwärtigste Unkraut im schönen Antlitz der Erde waren, und indem er alles Gute der Welt gegen das Böse stellte, kam er zu dem Schluß, daß es alles in allem eine sehr anständige und achtbare Welt war. Kaum war er zu diesem Ergebnis gelangt, als sich die Wolke, die sich über dem letzten Bild zusammenzog, auf seine Sinne zu senken und ihn einzuschläfern schien. Einer nach dem anderen entschwanden die Kobolde seinem Blick, und als der letzte fort war, fiel er in Schlummer.

Der Tag war angebrochen, als Gabriel Grub erwachte und sich der Länge nach auf der flachen

Grabplatte im Friedhof liegen sah, neben sich die leere Korbflasche, und Rock, Spaten und Laterne, alles weiß bereift vom Frost der letzten Nacht, auf dem Boden verstreut. Der Stein, auf dem er den Kobold zuerst hatte sitzen sehen, stand bolzengerade vor ihm, und das Grab, an dem er am Abend zuvor gearbeitet hatte, war nicht weit entfernt. Anfangs zweifelte er an der Echtheit seiner Abenteuer, aber der stechende Schmerz in den Schultern, als er aufzustehen versuchte, überzeugte ihn, daß die Fußtritte der Kobolde gewiß keine Einbildung waren. Er wurde abermals stutzig, als er keine Fußtapfen im Schnee bemerkte, wo die Kobolde mit den Grabsteinen Bockspringen veranstaltet hatten, fand jedoch rasch eine Erklärung für diesen Umstand, da er sich erinnerte, daß sie ja als Geister keine sichtbaren Eindrücke hinterlassen würden. Also rappelte sich Gabriel Grub, so gut er es bei den Schmerzen im Rücken vermochte, auf, wischte den Reif von seinem Rock, zog ihn an und kehrte sein Gesicht der Stadt zu.

Doch er war ein gewandelter Mensch und konnte den Gedanken nicht ertragen, an einen Ort zurückzukehren, wo man seiner Reue spotten und seiner

Bekehrung keinen Glauben schenken würde. Er zögerte einige Augenblicke und wandte sich dann fort, aufs Geratewohl loszuwandern und seinen Broterwerb anderswo zu suchen.

Die Laterne, der Spaten und die Korbflasche wurden an jenem Tag auf dem Friedhof gefunden. Anfangs gab es eine Unmenge Vermutungen über das Schicksal des Totengräbers, doch bald entschied man sich dahin, daß er von den Kobolden geholt worden sei, und es fehlte nicht an etlichen höchst glaubwürdigen Zeugen, die deutlich gesehen hatten, wie er von einem auf einem Auge blinden Braunen mit der Hinterhand eines Löwen und dem Schwanz eines Bären durch die Luft entführt wurde. Schließlich wurde all das ehrlich geglaubt, und der neue Küster und Totengräber pflegte den Neugierigen ein beträchtliches Stück des Kirchturmwetterhahns zu zeigen, das von besagtem Roß bei seinem Lufttritt zufällig abgeschlagen und von ihm persönlich ein, zwei Jahre später auf dem Friedhof gefunden worden war.

Leider wurde diese Geschichte ein wenig erschüttert, als etwa zehn Jahre später Gabriel Grub selbst wieder auftauchte, ein zerlumpter, zufriedener, vom

Zipperlein geplagter alter Mann. Er erzählte dem Geistlichen und auch dem Bürgermeister seine Geschichte, und im Laufe der Zeit begann sie als eine historische Begebenheit anerkannt zu werden und ist in dieser Form bis zum heutigen Tag erhalten geblieben. Die an das Wetterhahnmärchen geglaubt hatten, waren, nachdem sie ihr Vertrauen einmal übel angebracht hatten, nicht so leicht zu bewegen, es abermals zu verschenken, folglich blickten sie so weise, wie es ihnen möglich war, zuckten die Achseln, tippten sich an die Stirn und murmelten etwas der Art, Gabriel Grub habe den ganzen holländischen Genever getrunken und sei dann auf der Grabplatte eingeschlafen, und was er in der Koboldhöhle mit eigenen Augen gesehen zu haben glaubte, erklärten sie gern damit, daß er sich inzwischen in der Welt umgetan habe und klüger geworden sei. Aber diese Ansicht, die zu keiner Zeit viel Anklang fand, schwand allmählich, und wie sich die Sache auch immer verhalten mag, da Gabriel Grub bis ans Ende seiner Tage vom Zipperlein geplagt wurde, hat diese Geschichte, sofern sie nichts Besseres lehrt, wenigstens eine Moral: Wenn ein Mensch zur Weihnachtszeit den Übellaunigen herauskehrt und für sich allein trinkt, kann er sich darauf gefaßt machen, daß sich sein Befinden deswegen um keinen Deut bessern wird, mag das geistige Getränk noch so gut sein oder sogar um viele Grade stärker als das, was Gabriel Grub in der Koboldhöhle erlebte.

An die Geschäftsleute Bradbury und Evans

1 Devonshire Terrace,
Donnerstagabend, den 2. Januar 1840

Meine lieben Herren.

Ich faßte den Entschluß, Ihnen nicht eher für den Truthahn zu danken, bevor er nicht gänzlich von hinnen gegangen sei, damit Sie eine Vorstellung von seiner erstaunlichen Variabilität erhalten mögen.

Der letzte Überrest dieses gesegneten Vogels erschien gestern zum Frühstück – ich wiederhole, *gestern* –, die anderen Portionen ergaben sieben gegrillte Mahlzeiten und eine gekochte sowie einen oder zwei kalte Imbisse zum Gabelfrühstück.

Nehmen Sie hiermit meine wärmsten Danksagungen für Ihr alljährliches Gedenken entgegen (dem sich anschließen zu dürfen meine Frau sich ausbedungen hat). Wir schätzen es außerordentlich als einen der erfreulichsten Umstände in einer so erfreulichen Jahreszeit.

Ich verbinde damit an Sie beide und die Ihren meine herzlichen Wünsche für manches glückliche Jahr – und für reichlich Gesundheit, beruflichen Erfolg und weiterhin positive Gefühle für uns alle.

Ihr allzeit getreuer

Charles Dickens

Eine Winterreise des Pickwick-Klubs
zur Manor Farm

Flink wie die Bienen, wenn auch nicht ganz so behende wie Elfen, versammelten sich die vier Pickwickier am Morgen des zweiundzwanzigsten Dezember in jenem Jahre des Heils, in dem diese ihre getreulich wiedergegebenen Abenteuer unternommen und vollbracht wurden. Weihnachten mit all seiner freimütigen und herzlichen Biederkeit stand vor der Tür, es war die Zeit der Gastlichkeit, Fröhlichkeit und Freigebigkeit; das alte Jahr machte sich gleich einem Philosophen der Antike bereit, all seine Freunde um sich zu vereinigen und unter den Lauten lärmender Festlichkeit und Schmauserei sacht und still von hinnen zu scheiden. Lustig und fröhlich war die Zeit, und lustig und fröhlich waren zumindest vier der unzähligen Herzen, die ihr Nahen erfreute.

Wahrlich nicht zu zählen sind die Herzen, für die

Weihnachten eine kurze Spanne des Glücks und der Freude bringt. Wie viele Familien, deren Mitglieder auseinandergeflogen und weit und breit verstreut sind in den rastlosen Kämpfen des Lebens, werden dann wieder vereinigt und kommen wieder einmal zusammen in jenem glücklichen Zustand der Gemeinschaft und des gemeinsamen guten Willens, der eine Quelle so reiner und ungetrübter Wonne ist [...]. Wie viele alte Erinnerungen und wie viele schlafende Zuneigungen weckt die Weihnachtszeit!

Wir schreiben diese Worte hier viele Meilen entfernt von dem Ort, wo wir uns Jahr für Jahr an diesem Tag trafen, ein heiterer und fröhlicher Kreis. Viele der Herzen, die damals so freudig pochten, schlagen nicht mehr; viele Gesichter, die damals so strahlend leuchteten, erglühen nicht mehr; die Hände, die wir faßten, sind kalt geworden; die Augen, die wir suchten, haben ihren Glanz im Grab verborgen, und dennoch, das alte Haus, die Stube, die fröhlichen Stimmen und lächelnden Gesichter, das Scherzen, das Lachen, die winzigsten und alltäglichsten Umstände, die mit jenen glücklichen Zusammenkünften verknüpft waren, all das drängt sich uns bei jeder Wiederkehr dieser Zeit auf, als wäre das letzte Beisammensein erst gestern gewesen! Glückliche, glückliche Weihnacht, der es gegeben ist, uns dem Wahn unserer Kindertage zurückzugewinnen [...]!

Aber wir sind so hingerissen und in Anspruch genommen von den vortrefflichen Eigenschaften der heiligen Weihnacht, daß wir Mr. Pickwick und seine Freunde draußen in der Kälte auf den Außenplätzen der Muggleton-Postkutsche warten lassen, die sie soeben erreicht haben, gut eingemummt in Überzieher, Tücher und Schals. Die Mantelsäcke und Reisetaschen sind verstaut, und Mr. Weller und der Schirrmeister quälen sich damit ab, in den vorderen Kutschkasten einen gewaltigen Dorsch zu zwängen, der etliche Nummern zu groß für ihn ist – aber schmuck verpackt in einem langen braunen Korb, mit einer Lage Stroh darüber, und der bis zum Schluß gelassen wurde, damit er sicher auf dem halben Dutzend Fäßchen mit echten einheimischen Austern ruhen könne, und all das gehört Mr. Pickwick und ist ordentlich und wie es sich gehört auf dem Boden des Behältnisses untergebracht worden. Die Aufmerksamkeit, die Mr. Pickwicks Gesicht zeigt,

ist überaus gespannt, als Mr. Weller und der Schirrmeister den Dorsch in den Kutschkasten zu quet-
schen versuchen, erst Kopf voraus, dann Schwanz
voraus, dann Rücken nach oben, dann Bauch nach
oben, dann von der Seite, dann der Länge nach, lauter Kunstgriffe, denen sich der unbeugsame Dorsch
hartnäckig widersetzt, bis ihm der Schirrmeister aus
reinem Zufall einen Hieb genau in der Mitte des
Korbes gibt, worauf er jäh in dem Kasten verschwin-
det, und mit ihm verschwinden Kopf und Schultern
des Schirrmeisters selbst, der nicht mit einer so
plötzlichen Aufgabe des passiven Widerstands ge-
rechnet hat und zum nicht unterdrückbaren Vergnügen aller Gepäckträger und Umstehenden eine
höchst unerwartete Erschütterung erleidet. Darüber
lächelt Mr. Pickwick in vortrefflicher Laune, holt aus
seiner Westentasche einen Schilling und bittet den
Schirrmeister, nachdem sich dieser aus dem Kasten
gezogen hat, mit einem Glas Kognakgrog auf sein
Wohl zu trinken, worüber nun auch der Schirrmeister
lächelt, und die Herren Snodgrass, Winkle und Tupman lächeln zur Gesellschaft mit. Der Schirrmeister
und Mr. Weller verschwinden für fünf Minuten,
höchstwahrscheinlich um den heißen Kognakgrog

zu genehmigen, denn sie riechen sehr stark danach, als sie wieder erscheinen; der Kutscher steigt auf den Bock, Mr. Weller springt hinten auf, die Pickwikkier ziehen sich die Mäntel um die Beine und die Schals über die Nase, die Gehilfen nehmen die Pferdedecken ab, der Kutscher ruft ein munteres »Alles klar!«, und ab geht die Post.

Sie sind durch die Straßen gerumpelt und über die Steine gerüttelt und haben schließlich das weite, offene Land erreicht. Die Räder streifen fast nur den harten, gefrorenen Boden, und die Pferde, die nach einem scharfen Peitschenknall in kurzen, leichten Galopp fallen, sausen die Straße entlang, als wäre die Last hinter ihnen, Kutsche, Passagiere, Dorsch, Austernfäßchen und alles, nur eine Feder an ihren Hufen. Sie sind eine sanfte Neigung hinuntergefahren und kommen auf eine Ebene, die so fest und trocken ist wie ein solider Marmorblock von zwei Meilen Länge. Wieder ein Peitschenknall, und schneller jagen sie weiter in gestrecktem Galopp, wobei die Pferde die Köpfe aufwerfen und mit dem Geschirr klirren, als erheitere sie die Geschwindigkeit der Bewegung, während der Kutscher, Peitsche und Zügel in der einen Hand, mit der anderen den Hut abnimmt, ihn auf die Knie legt, sein Schnupftuch hervorzieht und sich die Stirn wischt, teils, weil das so seine Gewohnheit ist, und teils, weil man ja den Passagieren gut und gern mal zeigen kann, wie gelassen man ist und eine wie leichte Sache es ist, vierspännig zu fahren, wenn man soviel Übung darin besitzt wie er. Nachdem er dies ganz gemächlich getan hat (andernfalls würde es die Wirkung wesentlich beeinträchtigen), steckt er sein Schnupftuch wieder ein, setzt seinen Hut auf, zupft die Handschuhe zurecht, winkelt die Ellbogen, läßt abermals die Peitsche knallen, und weiter eilen sie, noch fröhlicher als zuvor.

Ein paar kleine Häuser, zu beiden Seiten der Straße verstreut, kündigen die Einfahrt in eine Stadt oder ein Dorf an. Die munteren Töne von des Schirrmeisters Klapphorn schwingen in der klaren, kalten Luft und wecken den alten Herrn drinnen, der behutsam das Schiebefenster halb herunterläßt, sich auf Wache stellt gegen die Luft, einen kurzen Blick hinauswirft, sodann das Fenster behutsam wieder hochzieht und den anderen Insassen davon unterrichtet, daß sie gleich die Pferde wechseln würden, worauf auch der andere Insasse aufwacht und beschließt, sein nächstes Nickerchen bis nach dem Aufenthalt zu verschieben. Wieder ertönt mit lustigem Schall das Klapphorn und bringt des Häuslers Frau und Kinder auf die Beine, die zur Tür hinausschauen und der Kutsche nachsehen, bis sie um die Ecke biegt, worauf sie sich aufs neue um das flackernde Feuer kauern und noch ein Holzscheit auflegen, weil sie auf Vater warten, während Vater selbst, eine ganze Meile weiter, eben ein freundschaftliches Nicken mit dem Kutscher austauscht und sich dann umdreht und dem davonwirbelnden Gefährt eine geraume Weile nachstarrt.

Und nun spielt das Klapphorn eine flotte Weise, da die Kutsche durch die schlecht gepflasterten Straßen eines Landstädtchens rattert, und der Kutscher entfernt die Schnalle, die die Zügel zusammenhält, und macht sich bereit, in dem Augenblick, da sie halten, die Zügel hinunterzuwerfen. Mr. Pickwick taucht aus seinem Mantelkragen auf und blickt mit großer Neugier um sich; der Kutscher, der es bemerkt, nennt Mr. Pickwick den Namen der Stadt und erzählt ihm, gestern sei Markttag gewesen, beide Auskünfte gibt Mr. Pickwick in aller Ausführlichkeit an seine Mitreisenden weiter, worauf auch diese aus ihren Mantelkragen auftauchen und ebenfalls um sich blicken. Mr. Winkle, der an der äußersten Kante sitzt, ein Bein baumelt in der Luft, wird fast auf die Straße hinuntergeschleudert, als die Kutsche um die scharfe Ecke beim Laden des Käsehändlers schwenkt und auf den Marktplatz einbiegt, und ehe sich Mr. Snodgrass, der ihm am nächsten sitzt, von der Aufregung erholt hat, halten sie im Hof des Ausspanns, wo bereits frische Pferde unter warmen Decken warten. Der Kutscher wirft die Zügel hinunter und steigt ab, und die Passagiere der Außenplätze steigen ebenfalls ab, außer denen, die kein großes Zutrauen zu ihrer Geschicklichkeit haben, wieder hinaufzugelangen; die bleiben, wo sie sind, und stampfen mit den Füßen gegen die Kutsche, um warm zu werden – wobei sie mit sehnsüchtigen Augen und roten Nasen auf das helle Feuer in der Schankstube schauen und auf die Stechpalmenzweige mit ihren roten Beeren, die das Fenster schmücken.

Der Schirrmeister hingegen hat im Laden des Samenhändlers das Päckchen in braunem Papier abgeliefert, das er dem an einem Lederriemen über der Schulter hängenden kleinen Briefbeutel entnahm, und hat aufgepaßt, daß die Pferde sorgfältig angeschirrt wurden, und hat den Sattel aufs Pflaster geworfen, der auf dem Dach der Kutsche von London hergebracht wurde, und hat Hilfestellung geleistet bei der Verhandlung zwischen dem Kutscher und dem Stallknecht über die graue Stute, die sich letzten Dienstag das rechte Vorderbein verletzte, und er und Mr. Weller sitzen bereits hinten, und der Kutscher sitzt bereits vorn, und der alte Herr drinnen, der die ganze Zeit das Fenster volle zwei Zoll offengelassen hat, hat es wieder hochgezogen, und die Pferdedecken sind ab, und alle sind fahrbereit, mit Ausnahme der »zwei beleibten Herren«, nach denen sich der Kutscher mit einiger Ungeduld erkundigt. Darauf rufen der Kutscher und der Schirrmeister und Sam Weller und Mr. Winkle und Mr. Snodgrass und alle Stallknechte und alle Müßiggänger, die in größerer Zahl sind als die anderen zusammengenommen, so laut sie nur können nach den vermißten Herren. Vom fernsten Ende des Hofes ist eine Antwort zu hören, und Mr. Pickwick und Mr. Tupman kommen völlig außer Atem angelaufen, denn sie haben jeder ein Glas Ale getrunken, und Mr. Pickwicks Finger sind so kalt, daß er volle fünf Minuten brauchte, das Sechspencestück zum Bezahlen zu finden. Der Kutscher ruft ein ermahnendes: »Aber nu, Herrschaften!«, der Schirrmeister wiederholt es, der alte Herr drinnen hält es für eine höchst merkwürdige Sache, daß Leute unbedingt absteigen wollen, wenn sie wissen, daß keine Zeit dazu ist, Mr. Pickwick arbeitet sich mühsam an der einen Seite hinauf, Mr. Tupman an der anderen, Mr. Winkle ruft: »Alles in Ordnung!«, und davon fahren sie. Schals werden hochgezogen, Mantelkragen zurechtgezupft, das Pflaster hört auf, die Häuser verschwinden, und aufs neue jagen sie die freie Landstraße entlang, wo ihnen die frische, klare Luft in die Gesichter bläst und sie froh macht wie ihre Herzen.

Weihnachtstage auf Manor Farm

So verlief Mr. Pickwicks und seiner Freunde Fahrt mit der Muggletoner Eilpost auf ihrem Wege nach Dingley Dell, und um drei Uhr nachmittags standen sie alle frisch und froh, gesund und munter, unter Dach und Fach auf der Treppe des »Blauen Löwen«, nachdem sie unterwegs durchaus genügend Ale und Branntwein getrunken hatten, daß sie dem Frost, der die Erde in seine eisernen Fesseln schlug und sein schönes Netzwerk über Bäume und Hecken wob, Trotz zu bieten vermochten. Mr. Pickwick war eifrig beschäftigt, die Austernfäßchen zu zählen und das Ausgraben des Dorsches zu beaufsichtigen, als er sich plötzlich an den Rockschößen gezupft fühlte. Er sah sich um und entdeckte, daß der Mensch, der zu dieser Art, Aufmerksamkeit zu erregen, seine Zuflucht nahm, kein anderer war als Mr. Wardles Lieblingspage, den Lesern dieser ungeschminkten Geschichte besser bekannt unter dem bezeichnenden Namen Dickwanst. [...]

»Der Herr hat mich mit der Gig hergeschickt, Ihr Gepäck nach Hause zu bringen. Er hätt auch 'n paar Reitpferde geschickt, aber er hat gemeint, wo's so kalt is, möchten Sie vleicht lieber zu Fuß gehn.«

»Ja, ja«, sagte Mr. Pickwick hastig, denn er erinnerte sich daran, wie sie bei einer früheren Gelegenheit über nahezu denselben Boden gekommen waren. »Ja, wir würden lieber zu Fuß gehen. Komm her, Sam!«

»Sir?« fragte Mr. Weller.

»Hilf Mr. Wardles Diener, das Gepäck in den Wagen zu schaffen, und fahr dann mit ihm. Wir werden uns gleich auf den Weg machen.« [...]

Unterdessen hatten Mr. Pickwick und seine Freunde durch den Fußmarsch ihr Blut in lebhafte Zirkulation gebracht und schritten munter fürbaß. Die Wege waren hart, das Gras spröde und bereift, die Luft von einer reinen, trockenen und erquickenden Kälte, und das rasche Nahen des grauen Zwielichts (schieferfarben ist bei Frostwetter eine bessere Bezeichnung dafür) ließ sie mit angenehmem Vorgefühl der Behaglichkeit entgegensehen, die sie bei ihren großzügigen Gastgebern erwartete. Es war einer von diesen Nachmittagen, die ein paar ältere Herren auf einsamer Flur bewegen konnten, die Mäntel auszuziehen und aus reiner Fröhlichkeit und weil ihnen das Herz so leicht war, Bockspringen zu veranstalten [...].

Als sie in einen Heckenweg bogen, den sie passieren mußten, schlug das Geräusch vieler Stimmen an ihre Ohren, und ehe sie noch Zeit gefunden hatten, einer Vermutung Raum zu geben, wem sie gehören mochten, marschierten sie schon mitten in die Gesellschaft hinein, die ihrer Ankunft harrte – eine Tatsache, die den Pickwickiern deutlich angezeigt wurde durch das laute »Hurra«, das von Mr. Wardles Lippen erscholl, sobald sie in Sicht kamen. [...]

Man begab sich in die große Küche, wo unterdessen nach dem alljährlichen Brauch am Weihnachtsabend, an dem schon die Vorväter des alten Wardle seit undenklicher Zeit festgehalten hatten, die ganze Familie versammelt war.

Mitten an der Küchendecke hatte der alte Wardle soeben mit eigenen Händen einen gewaltigen Mistelzweig aufgehängt, und der nämliche Mistelzweig gab sogleich Anlaß zu einem Schauspiel allgemeinen herrlichen Sträubens und Durcheinanders; inmitten dieses Wirrwarrs nahm Mr. Pickwick mit einer Galanterie, die selbst einem Nachkommen Lady Tollimglowers Ehre gemacht hätte, die alte Dame bei der Hand, führte sie unter den symbolischen Zweig und küßte sie mit aller Artigkeit und allem Anstand. Und die alte Dame unterwarf sich dieser handgreiflichen Höflichkeit mit der ganzen Würde, die einer so bedeutsamen und ernsten Feierlichkeit gebührte; doch die jüngeren Damen, die nicht so durchdrungen waren von abergläubischer Verehrung des Brauches oder auch meinten, der Wert eines Kusses erhöhe sich um ein vielfaches, wenn es ein wenig Mühe koste, ihn zu erlangen, kreischten und sträubten sich und liefen in Ecken und drohten und machten Einwände und taten überhaupt alles, außer den Raum zu verlassen, bis einige der weniger unternehmungslustigen Herren drauf und dran waren, zu verzichten, worauf sie es mit einemmal sinnlos fanden, noch länger zu widerstreben, und sich mit Anstand küssen ließen. Mr. Winkle küßte die junge Dame mit den schwarzen Augen, und Mr. Snodgrass küßte Emily, und Mr. Weller, der nicht eigen war in bezug auf die Formalität, sich unter dem Mistelzweig zu befinden, küßte Emma und die anderen weiblichen Dienstboten, so wie er sie gerade erwischte. Was die armen Verwandten betraf, so küßten sie jedermann und nahmen nicht einmal die unansehnlicheren jungen weiblichen Gäste aus, die in ihrer übergroßen Verwirrung haargenau unter den Mistelzweig liefen, sobald er aufgehängt war, ohne es zu wissen! Wardle stand mit dem Rücken gegen den Kamin und überblickte das Bild mit äußerster Zufriedenheit, und der Dickwanst nahm die Gelegenheit wahr, eine besonders gute Weihnachtspastete, die mit Bedacht beiseite gestellt war, für den eigenen Gebrauch zu verwenden und ohne Umstände zu verschlingen.

Das Kreischen hatte aufgehört, Gesichter glühten, Locken waren verwirrt, und Mr. Pickwick stand, nachdem er die alte Dame, wie bereits erwähnt, geküßt hatte, unter dem Mistelzweig und blickte höchst erfreuten Gesichts auf all das, was um ihn vorging, als plötzlich die junge Dame mit den schwarzen Augen, die zuvor mit den anderen jungen Damen kurz gewispert hatte, vorsprang, ihren Arm um Mr. Pickwicks Hals legte und ihn zärtlich auf die linke Wange küßte, und ehe noch Mr. Pickwick so recht wußte, was los war, wurde er von allen umringt und von allen geküßt.

Es war ein vergnüglicher Anblick, Mr. Pickwick im Mittelpunkt dieser Gruppe zu sehen, wie er bald hierhin, bald dorthin gezogen und erst auf das Kinn, dann auf die Nase und dann auf die Brille geküßt wurde, und das schallende Gelächter zu hören, das ringsum aufstieg, aber ein noch vergnüglicherer Anblick war es, zu sehen, wie Mr. Pickwick, der kurz darauf mit einem seidenen Taschentuch blind gemacht worden war, gegen die Wand fiel, in Ecken und Winkel taumelte und alle Mysterien des Blindekuhspiels mit höchstem Genuß an dem Spaß durchlief, bis er schließlich einen von den armen Verwandten einfing und dann selber der blinden Kuh ausweichen mußte, was er mit einer Flinkheit und Behendigkeit tat, die bei allen, die es sahen, Verwunderung und Beifall hervorriefen. Die armen Verwandten fingen solche, von denen sie meinten, es würde ihnen gefallen, und wurden, als das Spiel matt wurde, selber gefangen. Als alle des Blindekuhspiels müde waren, beteiligten sie sich insgesamt an einem großartigen Schnappdragoner*, und als sich eine genügende Anzahl da-

* Englisches Gesellschaftsspiel, bei dem man in einem verdunkelten Raum aus einer Schüssel mit brennendem Branntwein Rosinen »schnappt«.

bei die Finger verbrannt hatte und alle Rosinen verschwunden waren, setzten sie sich an das mächtige Feuer lodernder Scheite zu einem kräftigen Abendessen und Wassail* in einem mächtigen Bowlengefäß, das ein wenig kleiner war als ein gewöhnlicher Kupferkessel im Waschhaus und in dem die heißen Äpfel so prächtig aussahen und mit einem fröhlichen Geräusch zischten und wallten, das einfach unwiderstehlich war.

»Dies«, sagte Mr. Pickwick und blickte in die Runde, »dies ist echte Freude.«

»Unser unveränderlicher Brauch«, erwiderte Mr. Wardle. »Alle sitzen am Weihnachtsabend mit uns beisammen, so wie Sie sie jetzt sehen – Dienerschaft und alle, und hier warten wir, bis die Uhr zwölf schlägt und das Weihnachtsfest ankündigt, und vertreiben uns die Zeit mit Pfänderspielen und alten Geschichten. Trundle, mein Junge, schür das Feuer.«

Empor flogen die hellen Funken zu Myriaden, als Trundle in den Scheiten stocherte. Von den sattroten lodernden Flammen ging ein prächtiger Glutschein

* Heißes englisches Bier mit Äpfeln, geriebener Muskatnuß, Zucker.

51

aus, der bis in die äußerste Ecke des Raumes drang und seine fröhliche Farbe auf jedes Gesicht warf.

»Los«, sagte Wardle, »ein Lied – ein Weihnachtslied! Ich werde euch in Ermangelung eines besseren eins singen.«

»Bravo!« sagte Mr. Pickwick.

»Schenkt ein«, rief Wadle. »Es wird noch gut und gern zwei Stunden dauern, ehe ihr den Boden der Bowle durch die tiefe, kräftige Farbe des Wassails sehen werdet; schenkt rundum ein, und nun das Lied.«

Nach diesen Worten begann der fröhliche alte Herr mit einer schönen, vollen und starken Stimme ohne weitere Umstände:

Ein Lobgesang auf Weihnachten

Mich schert nicht der Frühling, mag sein
      schwankender
Fittich Blüten und Knospen tragen,
Sein treuloser Regen umwirbt und verstreut sie,
Ehe der Morgen beginnt zu tagen.
Ein unsteter Kobold, weiß er nicht,
Wie rasch sich wandelt sein Gemüte,
Er lächelt euch an, zieht eine Fratze
Und tötet euch die jüngste Blüte.

Lauf in ihr Heim die Sommersonne,
Ich werd' sie nie und nimmer suchen,
Ich lache, verdüstert sie eine Wolke,
Und scher mich nicht drum, hör ich sie flu-
       chen.
Denn ihr Lieblingskind ist schwärmende
       Tollheit,
Es spielt in heftigen Fiebers Spuren;
Doch wenn Liebe zu stark ist, währt sie nicht
       lang,
Wie viele zu ihrem Leid erfuhren.

Eine milde Herbstnacht im stillen Licht
Des Mondes, bescheiden, sanft und zag,
Hat einen holderen Schein für mich
Als der helle, grelle, schamlose Tag.
Doch jedes Blatt bekümmert mich,
Das abgefallen liegt vom Baum,
Sei die Herbstluft noch so rein und klar,
Der Herbst ist nicht meiner Wünsche Traum.

Für die Weihnacht jedoch stimm ich an mein
       Lied,
Für die wackre, innige, herzhafte Weihnacht,
Ich leere mein Glas und rufe laut:

Es lebe die Weihnacht in all ihrer Pracht!
Wir woll'n ihr vorangehn mit heiterem Lärm,
Daran sich ihr fröhliches Herz kann weiden,
Und feiern lustig bei Speise und Trank
Und wollen in guter Freundschaft scheiden.

Mit Recht verschmäht sie in schönem Stolz,
Zu verbergen ihres Rauhwetters Narben,
Sie sind keine Schande, denn viel solcher Male
Die wackersten Teerjacken sich erwarben.
Und so singe ich, bis das Dach erdröhnt,
Bis es widerhallet von allen Seiten,
Ein freundlich Willkommen heute ihr,
Der Königin aller Jahreszeiten!

Diesem Lied wurde ungestümer Beifall gespendet – denn Angehörige, Freunde und Dienerschaft geben prächtige Zuhörer ab –, und besonders die armen Verwandten waren völlig außer sich vor Begeisterung. Wieder wurde im Kamin nachgelegt, und wieder machte der Wassail die Runde.

»Wie es schneit!« sagte einer von den Knechten leise.

»Es schneit?« fragte Wardle.

»Eine rauhe, kalte Nacht, Sir«, antwortete der

Knecht, »und ein Wind ist aufgekommen, der den Schnee in einer dicken, weißen Wolke über die Felder treibt.«

»Was sagt Jem?« erkundigte sich die alte Dame. »Es ist doch wohl nichts passiert?«

»Nein, nein, Mutter«, erwiderte Wardle, »er sagt, es ist Schneetreiben und ein schneidend kalter Wind. Das sollte ich eigentlich wissen nach der Art und Weise, wie er in der Esse poltert.«

Ein Weihnachtsmahl

Weihnachten! Der muß ein Menschenfeind sein, dessen Brust bei der Wiederkehr des Christfestes nicht von einem freudigen Gefühl erfüllt wird und bei dem nicht irgendeine fröhliche Erinnerung an vergangene Feste erwacht! Es gibt allerdings Menschen, die dir erklären, das Christfest sei für sie nicht mehr, was es früher einmal war. Jedes neue Weihnachten habe sie immer wieder in der Überzeugung bestärkt, daß sich die schönen Hoffnungen oder positiven Erwartungen des vergangenen Festes verdüstert hätten oder gar zunichte gemacht worden seien. Das gegenwärtige Fest würde ihnen nur vor Augen führen, daß die Zeiten schlechter und die Einkommen geringer geworden seien – und daß sie früher diesen Tag noch mit ihren Freunden gefeiert hätten. Jetzt hingegen, in ihrer mißlichen Lage und in ihrer unglücklichen Situation, habe man nur gleichgültige Blicke für sie. Doch solchen trüben Gedanken sollte man lieber nicht nachhängen. Unzählige Erdenbewohner könnten sich derart Unangenehmes Tag für Tag in Erinnerung rufen. Warum aber gerade den schönsten der dreihundertfünfundsechzig Tage für diese deprimierenden Gedanken aussuchen! Komm und rück deinen Stuhl an das gemütliche Kaminfeuer – füll dein Glas und stimme ein Lied an. Auch wenn sich heute dein Wohnraum im Vergleich zu der Zeit vor zwölf Jahren verkleinert hat, wenn dein Glas anstatt mit perlendem Sekt mit dampfendem Punsch gefüllt ist – was liegt daran! Trink es bis auf den Grund, füll es erneut, sing dein bewährtes Lieblingslied – und danke Gott, daß es dir nicht noch schlechter geht. Blick in die fröhlichen kleinen Gesichter deiner Kinder, die rund um das Kaminfeuer sitzen. [...] Vergiß nicht die übrigen Gottesgaben, die jedem Menschen so reichlich verliehen wurden, und denk nicht mehr an das verflossene Mißgeschick, von dem jeder Mensch sein Teil im Leben trägt. Füll dein Glas noch einmal mit heiterem Blick und zufriedenem Herzen. Was gilt es – dein Weihnachten, dein Neujahr werden glückliche Tage sein! –

Wer wird schon bei all den Gefühlsausbrüchen und den üblichen Freundschaftsbeteuerungen, die zu dieser Jahreszeit so reichlich ausgetauscht werden, gleichgültig bleiben? Es gibt doch auf der Welt nichts Schöneres als ein weihnachtliches Familienfest! Bereits das Wort »Weihnachten« umschließt einen vollkommenen Zauber. Kleine Eifersüchteleien und Streitigkeiten sind vergessen, und freundschaftliche Gefühle, die manch einer kaum mehr in seinem Herzen verspürt hat, erwachen aufs neue. Vater und Sohn, Bruder und Schwester, die monatelang aneinander vorübergingen, ohne sich anzuschauen, oder sich nur mit kaltem Blick begegneten – jetzt umarmen sie sich, lassen alte Freundschaften wiederaufleben und begraben in der Festtagsfreude die einstige Erbitterung. Gleichgesinnte Gemüter, die einander verletzten und sich gern wieder vertragen würden, wenn nicht falscher Stolz und Egoismus sie daran hinderten, harmonieren wieder miteinander. Alles atmet Güte und Wohlwollen! Wenn doch das Christfest das ganze Jahr über dauern und Vorurteile und Emotionen, die unser besseres Ich entwürdigen, sich nie bei denen breitmachen würden, die sich eigentlich davon distanzieren sollten.

Das weihnachtliche Familienfest, von dem wir berichten wollen, ist kein Treffen flüchtiger Bekannter, die sich erst seit ein paar Wochen kennen. Es ist weder die Krönung einer erst vor einem Jahr entstandenen Freundschaft noch ein Fest, das es in dieser Zusammensetzung im Vorjahr noch nicht gab und sich im folgenden Jahr kaum wiederholen wird. Es ist vielmehr das alljährliche Zusammenkommen möglichst aller Familienmitglieder, ob jung oder alt, reich oder arm, dem die dazugehörige Kinderschar schon seit zwei Monaten erwartungsvoll entgegenfiebert. Früher wurde das Fest bei den Großeltern gefeiert. Doch seitdem Großvater und auch Großmutter alt und schwach geworden sind, haben sie ihren eigenen Hausstand aufgelöst und wohnen nun bei Onkel George, in dessen Haus das gesellige Fest jetzt immer stattfindet. Großmutter aber spendiert die meisten guten Zutaten, und Großvater läßt es sich nicht nehmen, den weiten Weg zum Newgate-Markt zu humpeln, um höchstpersönlich den obligaten Truthahn zu kaufen, den er durch einen Lastenträger im Triumphzug nach Hause bringen läßt. Hier wird dem Mann neben seinem Lohn jedesmal ein Glas Schnaps spendiert, damit er auf das Wohl der

Tante und auf »fröhliche Weihnachten und ein glückliches neues Jahr« anstößt. Obwohl sich Großmutter zwei, drei Tage vor dem Fest immer sehr zurückhaltend und geheimnisvoll gibt, kann sie nicht verhindern, daß sich das Gerücht verbreitet, sie habe jedem Dienstmädchen eine wunderschöne Haube mit farbigen Bändern gekauft und für die Sprößlinge allerlei Bücher und Federmesser und Bleistifte. Nicht unerwähnt können die geheimen nachträglichen Bestellungen der Tante bleiben, wie die beim Pastetenbäcker, der zum Mittagessen noch ein Dutzend Pastetchen und für die Kinder einen Rosinenkuchen liefern soll.

Am Weihnachtsabend ist Großmutter so recht in ihrem Element und in prächtig guter Laune. Den ganzen Tag über hat sie die Kinder angehalten, getrocknete Zwetschgen zu entsteinen. Jahr für Jahr bittet sie den Onkel, in die Küche herunterzukommen, sein Jackett auszuziehen und eine halbe Stunde lang den Teig für den traditionellen Plumpudding zu rühren – ein Wunsch, dem Onkel George zum großen Vergnügen der Kinder und der Dienstboten auf seine gutmütige Weise nachkommt. Der Abend endet frühzeitig mit einem so lustigen Spiel wie »Blinde Kuh«, bei dem Großvater darauf bedacht ist, nicht gefangengenommen zu werden, will er doch allen zeigen, wie gut er noch in Form ist.

Am anderen Morgen begibt sich das alte Paar im Sonntagsstaat in die Kirche, zusammen mit so vielen Kindern, wie ihr Kirchenstuhl nur fassen kann, während Tante zu Hause bleibt, um Flaschen abzustauben und die Tische zu decken, und Onkel George die Flaschen ins Eßzimmer schleppt, sich fast die Kehle heiser schreit nach einem Korkenzieher und jedem im Wege steht. Wenn die Kirchgänger zum Frühstück zurück sind, zieht Großvater aus seiner Tasche einen kleinen Mistelzweig und überredet die Jungen, ihre kleinen Cousinen unter ihm zu küssen, was sie zu ihrem eigenen grenzenlosen Vergnügen und dem des alten Herrn ausführen. Das allerdings widerspricht den Vorstellungen der Großmutter von guter Erziehung und Anstand, während Großvater erzählt, daß er erst dreizehn Jahre und drei Monate alt gewesen sei, als er die Großmutter unter einem Mistelzweig geküßt habe. Daraufhin klatschen die Kinder in die Hände und brechen in ein herzhaftes Lachen aus, in das auch

Tante und Onkel George einfallen. Das wiederum stimmt Großmutter freundlich, und sie erklärt mit wohlgefälligem Lächeln, Großvater sei schon immer ein lockerer Vogel gewesen, worüber die Kinder wieder herzlich lachen müssen, Großvater aber am allermeisten.

Doch all das ist nichts gegen die angespannte Erwartung, die entsteht, wenn sich Großmama mit ihrer hohen Haube und dem schiefergrauen Seidenkleid und Großpapa mit der wunderschön gefältelten Hemdbrust und einem weißen Halstuch zusammen mit Onkel Georges Kindern nebst unzähligen kleinen Cousinen und Cousins der Reihe nach an den Kamin im Besuchszimmer setzen und auf die Ankunft der sehnlich erwarteten Gäste warten.

Plötzlich hört man eine Kutsche vorfahren. Onkel George schaut aus dem Fenster und ruft: »Da kommt Jane!« Daraufhin stürmen alle Kinder Hals über Kopf aus der Tür und die Treppe hinunter. Onkel Robert und Tante Jane, ihr entzückendes Baby nebst Kindermädchen und die restliche Gesellschaft werden unter lautem »Ach herrje!« und den beständigen Warnungen des Kindermädchens, »dem Kleinen nicht weh zu tun«, von den Kindern die Treppen hinaufgeführt. Großvater nimmt das Kind, und Großmutter küßt ihre Tochter. Kaum hat sich der Tumult der ersten Begrüßung etwas gelegt, treffen weitere Tanten und Onkel mit weiteren Cousins und Cousinen ein. Die herangewachsene Vetternschaft beginnt zu flirten, die Jüngeren ahmen es sogleich nach, und man kann nichts mehr hören als ein verwirrendes Durcheinander von Schwatzen, Gelächter, Lust und Freude.

Während einer kleinen Pause in der Unterhaltung ist ein zögerndes zweimaliges Klopfen zu vernehmen. Jeder fragt: »Wer ist das?« Und einige der Kinder, die bisher am Fenster gestanden haben, verkünden mit gedämpfter Stimme, »die arme Tante Margaret« sei da. Daraufhin verläßt die Tante den Raum, um den Neuankömmlingen entgegenzugehen. Und Großmutter setzt sich noch steifer und vornehmer zurecht, denn Margaret hat ohne ihre Einwilligung einen vermögenslosen Mann geheiratet. Als ob Armut nicht schon Strafe genug sei, wurde sie auch noch von ihrer Familie verlassen und aus der Gemeinschaft ihrer nächsten Verwandten ausgeschlossen. Doch nun ist das Weihnachtsfest gekommen, und die lieblosen Einstellungen, die das ganze Jahr über jedes bessere Gefühl unterdrückt hatten, schmolzen unter seinem zauberischen Einfluß wie die dünne Eiskruste unter der Morgensonne. [...]

Das Festessen läßt nichts zu wünschen übrig und verläuft aufs beste. Alle befinden sich in der herrlichsten Stimmung, jeder möchte sich und den anderen gefallen. Ausführlich schildert Großvater, wie er den Truthahn gekauft hat, wobei er nur kurz zu den Truthähnen verflossener Weihnachtstage abschweift und Großmutter ihn bis ins kleinste Detail bestätigt. Auch Onkel George gibt Geschichten zum besten, zerlegt das Geflügel, nimmt ab und zu einen Schluck, scherzt mit den Kindern, die an kleinen Nebentischen sitzen, ermuntert die Cousins und Cousinen durch Zeichen, den anderen Liebeserklärungen zu machen oder sich machen zu lassen, und stimmt einen jeden fröhlich durch seinen ausgezeichneten Humor und seine freundliche Gastlichkeit. Als schließlich das kräftige Hausmädchen mit einem riesigen, mit einem Stechpalmenzweig geschmückten Plumpudding den Raum betritt, bricht die junge Schar in helles Jauchzen aus, klatscht in die kleinen runden Hände und trampelt derart mit den dicken Füßchen, daß ihre Freude nur noch mit der frohlockenden Begeisterung verglichen werden kann, die das staunenswerte Kunststück begleitet, den brennenden Rum portionsweise herauszuschöpfen. Und dann der Nachtisch! Und der Wein! Und die Späße! Und wie unterhaltsam der Mann von Tante Margaret ist! Jetzt erst kann man richtig feststellen, wie wohlerzogen er ist – und wie zuvorkommend gegenüber Großmutter! Mit unvergleichlichem Ton singt Großvater jetzt das Lied, das er jedes Jahr zum besten gibt, und trägt sogar ein neues vor, das außer der Großmutter noch keiner kennt, als Dank für den alljährlich wiederkehrenden einstimmigen Da-capo-Ruf. Als gar noch ein kleiner Tunichtgut von Cousin, der wegen gewisser kleiner Schandtaten bei den Alten leicht in Ungnade gefallen war (er hatte sich durchaus nicht davon abhalten lassen, unentwegt Burton-Ale zu trinken), sich den Spaß macht, aus eigenem Antrieb das tollste und verrückteste Zeug von der Welt zu singen, bringt er die erstaunte Gesellschaft dazu, in stoßweises Gelächter auszubrechen.

So vergeht der Abend auf das schönste, froh und heiter, in behaglicher Geselligkeit und Freude. Dies alles trägt weit mehr dazu bei, in jedem Anwesenden sympathische Gefühle für seine Nachbarn zu wecken und die freundschaftliche Zuneigung auch während des künftigen neuen Jahres aufrechtzuerhalten, als sämtliche Sommer- und Winterwochenblättchen, für welche die Geistlichkeit auf der ganzen Erde je geschrieben hat.

Der Weihnachtstag eines Geizhalses

Marley war tot, das gleich zu Anfang. Darüber besteht nicht der geringste Zweifel. Die Bestattungsurkunde war vom Geistlichen, vom Standesbeamten, vom Leichenbestatter und dem Hauptleidtragenden unterschrieben. Scrooge hatte sie unterzeichnet. Und Scrooges Name war auf der Börse für jede Sache gut, unter die er seine Unterschrift setzte. [...]

Scrooge ließ niemals den Namen des alten Marley übermalen. Noch Jahre später stand über der Geschäftstür: Scrooge & Marley. Die Firma war als Scrooge & Marley bekannt. Manchmal nannten Leute, denen das Geschäft vorher unbekannt war, Scrooge Scrooge und manchmal Marley, aber er reagierte auf beide Namen. Für ihn war es dasselbe.

Oh, was war er doch für ein Geizkragen! Scrooge, dieser habsüchtige alte Sünder, der das Geld aus anderen herauspreßte und an sich riß, der es zusammenkratzte und krampfhaft festhielt. Er war hart und scharf wie ein Feuerstein, aus dem kein Stahl jemals auch nur einen Funken Großzügigkeit herausgeschlagen hatte. Er war so verschwiegen, verschlossen und einsiedlerisch wie eine Auster. Die innere Kälte ließ seine alten Gesichtszüge erstarren und die Wangen runzlig werden, zwickte ihm in die spitze Nase und machte ihn steifbeinig. Sie ließ seine Augen rot und die dünnen Lippen blau werden und kam deutlich in seiner krächzenden Stimme zum Ausdruck. Rauhreif überzog Kopf und Augenbrauen sowie sein kantiges Kinn. Er trug seine niedrige Temperatur ständig mit sich herum; er kühlte während der Hundstage sein Büro und erwärmte es auch nicht um ein Grad in der Weihnachtszeit.

Äußere Hitze oder Kälte hatten auf Scrooge wenig Einfluß. Weder Wärme konnte ihm das Herz erwärmen noch winterliches Wetter ihn entmutigen. Kein Wind war rauher als er, kein Schneeschauer mehr auf seine Absicht bedacht, kein Regenguß einer dringenden Bitte gegenüber weniger aufgeschlossen. Schlechtes Wetter konnte ihm nie etwas anhaben. Der heftigste Regen, Schnee, Hagel oder

Graupel konnte sich nur in einer Hinsicht rühmen, überlegen zu sein. Sie gingen oft verschwenderisch hernieder, er zeigte sich niemals so.

Niemand hielt ihn auf der Straße an und fragte mit freundlichem Blick: »Lieber Mr. Scrooge, wie geht es Ihnen? Wann kommen Sie mich besuchen?« Kein Bettler flehte ihn an, ihm eine Kleinigkeit zu schenken. Kein Kind fragte ihn, wie spät es sei. Nicht ein einziges Mal wurde Scrooge von einem Mann oder einer Frau gefragt, wie man zu diesem oder jenem Ort gelange. Selbst die Blindenhunde schienen ihn zu kennen. Wenn sie ihn herankommen sahen, zerrten sie ihre Besitzer in Hauseingänge hinein oder die Gasse hinauf. Dann wedelten sie mit dem Schwanz, als wollten sie sagen: »Es ist besser, gar keine Augen zu haben, als böse, blindes Herrchen!«

Aber was kümmerte das Scrooge! Das war es gerade, was ihm gefiel. Weil er sich seinen Weg durchs Leben bahnte, indem er menschliches Mitgefühl nicht zu nahe an sich heranließ, wurde er von den Eingeweihten ein verrückter Kerl genannt.

Einst saß der alte Scrooge an einem der schönsten Tage des Jahres, einem Heiligabend, geschäftig in seinem Büro. Das Wetter war rauh, bitter kalt und obendrein neblig. Er konnte hören, wie die Leute draußen auf dem Hof keuchend auf und ab gingen, sich mit den Händen gegen die Brust schlugen und mit den Füßen auf das Pflaster stampften, um sie zu erwärmen. Die Uhren in der Stadt hatten gerade erst drei geschlagen, aber es war schon ziemlich dunkel – es war den ganzen Tag über nicht hell geworden –, und in den Fenstern der umliegenden Büros flackerten Kerzen wie rötliche Fettflecke in der dicken braunen Luft. Der Nebel drang zu jedem Ritz und Schlüsselloch herein und war draußen so dicht, daß die gegenüberliegenden Häuser nur schemenhaft zu sehen waren, obwohl der Hof zu einem der engsten gehörte. Wenn man sah, wie sich die schmutzige Wolke herabsenkte und alles verdunkelte, konnte man denken, Mutter Natur lebe ganz in der Nähe und braue in großem Umfang.

Die Tür von Scrooges Büro stand offen, damit er ein Auge auf seinen Angestellten werfen konnte, der in einer traurigen kleinen Zelle nebenan, einer Art Kasten, saß und Briefe abschrieb. Bei Scrooge brannte ein sehr kleines Feuer, bei dem Angestellten aber ein noch viel kleineres, daß es wie eine einzige Kohle aussah. Er konnte jedoch nichts nachlegen, weil Scrooge die Kohlenkiste in seinem Raum aufbewahrte. Sobald der Angestellte mit der Schaufel hereinkam, gab ihm sein Herr zu verstehen, daß sich ihre Wege trennen müßten. Daraufhin legte sich der Angestellte sein weißes Wolltuch um den Hals und versuchte, sich an der Kerze aufzuwärmen. Da er aber keine große Phantasie besaß, gelang ihm das nicht.

»Frohe Weihnachten, Onkel! Gott segne dich!« rief eine vergnügte Stimme. Es handelte sich um die Stimme von Scrooges Neffen, der so schnell auf ihn zukam, daß sie das erste Anzeichen seines Kommens war.

»Pah!« sagte Scrooge, »Unsinn!«

Scrooges Neffe hatte sich beim raschen Laufen im Nebel und Frost dermaßen erhitzt, daß er nur so glühte. Sein hübsches Gesicht war gerötet, die Augen funkelten, und beim Atmen stieß er Dampfwolken aus.

»Weihnachten ein Unsinn, Onkel?« sagte Scrooges Neffe. »Das meinst du sicher nicht so.«

»Doch«, sagte Scrooge. »Frohe Weihnachten!

Welches Recht hast du, froh zu sein? Welchen Grund hast du, froh zu sein? Du bist arm genug.«

»Aber geh«, erwiderte der Neffe fröhlich. »Welches Recht hast du, traurig zu sein? Welchen Grund hast du, verdrießlich zu sein? Du bist doch reich genug.«

Da Scrooge im Moment keine bessere Antwort zur Hand hatte, sagte er wieder »Pah!« und fügte noch »Unsinn!« hinzu.

»Sei nicht ärgerlich, Onkel!« sagte der Neffe.

»Was kann ich sonst sein«, erwiderte der Onkel, »wo ich in einer Welt voller Narren lebe? Frohe Weihnachten! Pfui über ›Frohe Weihnachten‹. Was bedeutet die Weihnachtszeit schon anderes für dich als eine Zeit, in der man Rechnungen ohne Geld bezahlt; in der man ein Jahr älter, aber keinen Deut reicher geworden ist; in der man die Bücher abschließt und sich jeder Posten darin ein Dutzend Monate hindurch als gewinnlos erweist? Wenn es nach mir ginge«, sagte Scrooge aufgebracht, »müßte jeder Idiot, der mit einem ›Frohe Weihnachten‹ auf den Lippen herumläuft, in seinem eigenen Plumpudding gekocht und mit einem Stechpalmenzweig durchs Herz begraben werden. Das sollte er!«

»Onkel!« flehte der Junge.

»Neffe«, erwiderte der Onkel ernst, »feiere Weihnachten auf deine Weise, und laß es mich auf meine feiern.«

»Feiern!« wiederholte Scrooges Neffe. »Aber du feierst es ja gar nicht.«

»Überlaß das nur mir«, sagte Scrooge. »Möge es dir viel Gutes bringen! Dir hat es ja immer viel Gutes gebracht!«

»Es gibt viele Dinge, von denen ich Gutes hätte gewinnen können, aus denen ich allerdings keinen Nutzen gezogen habe«, erwiderte der Neffe. »Weihnachten gehört dazu. Aber ganz bestimmt habe ich die Weihnachtszeit, wenn sie herankam – abgesehen von der Ehrfurcht vor ihrem heiligen Namen und Ursprung, falls man überhaupt von dem, was damit verbunden ist, absehen kann –, als eine gute Zeit angesehen, die Zeit der Güte, der Vergebung, der Barmherzigkeit und Freude, die einzige Zeit im Laufe des Jahres, die ich kenne, in der Männer und Frauen einmütig ihre verschlossenen Herzen weit zu öffnen scheinen und an die Menschen unter sich denken, als ob sie wirklich Wandergefährten zum Grabe wären und nicht eine andere Art von Geschöpfen auf anderen Wegen. Und deshalb, Onkel, glaube ich, obwohl sie mir niemals auch nur ein Gramm Gold oder Silber eingetragen hat, daß sie mir Gutes gebracht hat und auch weiterhin bringen wird, und deshalb sage ich: ›Gott segne sie!‹«

Der Angestellte in seinem Kasten spendete unwillkürlich Beifall. Da er sich sofort der Ungehörigkeit seines Verhaltens bewußt wurde, stocherte er im Feuer und löschte damit den letzten schwachen Funken aus.

»Lassen Sie mich noch einen Ton von Ihnen hören«, sagte Scrooge, »und Sie werden Weihnachten feiern, indem Sie Ihre Stellung loswerden! Sie sind ein recht gewaltiger Redner, Sir«, fügte er, zu seinem Neffen gewandt, hinzu. »Ich wundere mich, warum du nicht ins Parlament gehst.«

»Sei nicht ärgerlich, Onkel. Bitte, komm morgen zu uns zum Essen.«

Scrooge sagte, daß er ihn … ja, wahrhaftig. Er sprach den ganzen Satz aus und sagte, daß er ihn erst an der Schwelle des Todes wiedersehen wolle.

»Aber warum?« rief Scrooges Neffe. »Warum?«

»Warum hast du geheiratet?« fragte Scrooge.

»Weil ich mich verliebt habe.«

»Weil du dich verliebt hast!« knurrte Scrooge, als ob dies das einzige auf der Welt sei, was noch lächerlicher als eine frohe Weihnacht ist. »Guten Tag!«

»Onkel, du hast mich aber auch nie besucht, bevor das geschah. Warum gibst du es als Grund dafür an, jetzt nicht zu kommen?«

»Guten Tag!« sagte Scrooge.

»Ich brauche nichts von dir, ich verlange nichts von dir. Warum können wir nicht Freunde sein?«

»Guten Tag!« sagte Scrooge.

»Es tut mir von ganzem Herzen leid, daß du so unnachgiebig bist. Wir haben doch nie miteinander Streit gehabt. Aber ich habe Weihnachten zu Ehren den Versuch gemacht und lasse mich auch nicht aus meiner Weihnachtsstimmung bringen. Darum: Frohe Weihnachten, Onkel!«

»Guten Tag!« sagte Scrooge.

»Und ein glückliches neues Jahr!«

»Guten Tag!« sagte Scrooge.

Trotzdem verließ sein Neffe das Zimmer ohne ein böses Wort. An der äußeren Tür blieb er stehen, um dem Angestellten alles Gute zum Weihnachtsfest zu wünschen, der, so kalt ihm war, mehr Wärme hatte als Scrooge, denn er erwiderte die Wünsche herzlich.

»Das ist auch so ein Bursche«, murmelte Scrooge, der dessen Worte mitgehört hatte, »mein Angestellter, mit fünfzehn Schilling pro Woche und Frau und Kindern, und redet von frohen Weihnachten. Ich werde wohl nach Bethlehem ziehen.«

Dieser Verrückte hatte, als er Scrooges Neffen hinausließ, zwei andere Personen eingelassen. Es waren zwei stattliche Herren von angenehmem Äußeren, die nun – den Hut hatten sie abgenommen – in Scrooges Büro standen. Sie hielten Bücher und Papiere in der Hand und machten eine Verbeugung.

»Scrooge & Marley, nicht wahr?« sagte einer der Herren und bezog sich auf seine Liste. »Habe ich das Vergnügen, mit Mr. Scrooge oder Mr. Marley zu sprechen?«

»Mr. Marley ist seit sieben Jahren tot«, erwiderte Scrooge. »Er starb auf den Tag genau vor sieben Jahren.«

»Wir zweifeln nicht daran, daß seine Großzügigkeit von seinem überlebenden Partner fortgesetzt wird«, sagte der Herr und zeigte seine Papiere vor.

Das wurde sie; denn sie waren verwandten Gei-

stes gewesen. Bei dem unheilvollen Wort »Großzügigkeit« runzelte Scrooge die Stirn, schüttelte den
Kopf und reichte die Papiere zurück.

»In dieser Festzeit, Mr. Scrooge«, sagte der Herr
und nahm eine Feder zur Hand, »ist es mehr denn je
wünschenswert, daß man für die Armen und Bedürf-
tigen (die jetzt schwer zu leiden haben) eine Kleinigkeit zur Verfügung stellt. Vielen Tausenden fehlt es
am Allernötigsten, Hunderttausende entbehren die
bescheidensten Annehmlichkeiten des Lebens, Sir.«

»Gibt es keine Gefängnisse?« fragte Scrooge.

»Eine Menge Gefängnisse«, sagte der Herr und
legte die Feder wieder hin.

»Und die Armenhäuser?« fragte Scrooge weiter.
»Sind sie noch in Betrieb?«

»Ja«, erwiderte der Herr, »allerdings wünschte ich
mir, ich könnte nein sagen.«

»Die Tretmühle und das Armengesetz sind auch
noch voll wirksam?« fragte Scrooge.

»Beide nur zu sehr, Sir.«

»Oh, ich fürchtete schon, nach dem, was Sie zuerst sagten, es wäre etwas geschehen, was ihre
nützliche Tätigkeit beendet hätte«, sagte Scrooge.
»Ich freue mich, das zu hören.«

»Unter dem Eindruck, daß sie der Mehrheit kaum christlichen Trost an Leib und Seele bieten«, erwiderte der Herr, »bemühen sich einige von uns, Geld zu sammeln, damit wir den Armen etwas zu essen und zu trinken sowie warme Kleidung kaufen können. Wir haben diese Zeit gewählt, weil gerade jetzt die Not am stärksten empfunden wird und der Überfluß Freude bereitet. Was darf ich für Sie einsetzen?«

»Nichts!« erwiderte Scrooge.

»Sie möchten ungenannt bleiben?«

»Ich möchte allein gelassen werden«, sagte Scrooge. »Da Sie mich fragen, was ich wünsche, meine Herren, ist das meine Antwort. Ich bereite mir selbst keine frohen Weihnachten und kann es mir nicht leisten, Faulenzer fröhlich zu machen. Ich unterstütze die Einrichtungen, die ich erwähnt habe, Sie kosten schon genug. Diejenigen, denen es schlecht geht, müssen eben dorthin gehen.«

»Viele können nicht dorthin gehen, und viele würden lieber sterben.«

»Wenn sie lieber sterben würden«, sagte Scrooge, »sollten sie es tun und dadurch den Bevölkerungsüberschuß vermindern. Übrigens – entschuldigen Sie – weiß ich das nicht.«

»Sie sollten es aber wissen«, bemerkte der Herr.

»Das ist nicht meine Angelegenheit«, entgegnete Scrooge. »Es genügt, wenn ein Mann etwas von seinen eigenen Angelegenheiten versteht und sich nicht in die anderer einmischt. Meine beschäftigen mich vollends. Guten Tag, meine Herren!«

Da die Herren einsahen, daß es sinnlos war, ihr Ziel weiterzuverfolgen, zogen sie sich zurück. Scrooge nahm seine Arbeit mit einer besseren Meinung von sich wieder auf und befand sich in einer gehobeneren Stimmung, als das sonst der Fall war.

Inzwischen hatte sich der Nebel so verdichtet und die Dunkelheit so zugenommen, daß die Menschen mit flackernden Kerzen umherliefen und sich anboten, vor den Pferdekutschen herzulaufen und ihnen den Weg zu zeigen. Der ehrwürdige Kirchturm, dessen heisere, alte Glocke durch ein Spitzbogenfenster im Mauerwerk sonst verstohlen auf Scrooge heruntersah, wurde unsichtbar und zeigte die Stunden und Viertelstunden in den Wolken an, wobei hinterher ein Zittern in der Luft hing, als ob dort oben in seinem verfrorenen Kopf die Zähne klapperten. Es wurde immer kälter. In der Hauptstraße, an der Ecke des Hofes, besserten einige Arbeiter die Gasleitung aus. Sie hatten in einer Kohlenpfanne ein großes Feuer angezündet, um das sich eine Gruppe zerlumpter Männer und Jungen scharte, die sich die Hände wärmten und verzückt in die Glut blinzelten. Da der Wasserhahn unbeachtet gelassen worden war, erstarrte das langsam überfließende Wasser und gefror zu menschenfeindlichem Eis. Der Lichtschein aus den Geschäften, wo Stechpalmenzweige mit Beeren in der Hitze der Schaufensterlampen knisterten, warf auf die blassen Gesichter der Passanten einen rötlichen Schimmer. Geflügel- und Feinkosthandel wurden ein großes Vergnügen: ein prächtiges Zurschaustellen, daß es kaum möglich war, zu glauben, derartig öde Prinzipien wie Einkauf und Verkauf hätten irgend etwas damit zu tun. Der Bürgermeister in der Festung seines mächtigen Herrenhauses erteilte seinen fünfzig Köchen und Kellermeistern den Befehl, Weihnachten so zu feiern, wie es dem Haushalt eines Bürgermeisters zukommt, und sogar der kleine Schneider, dem er am vergangenen Montag noch fünf Schilling Geldstrafe wegen Trunkenheit und Rauflust auf der Straße auferlegt hatte, rührte in seinem Dachstübchen den Pudding für den morgigen

Tag, während sich seine magere Frau mit dem Baby auf den Weg machte, um den Rinderbraten einzukaufen.

Es wurde noch nebliger und noch kälter. Eine durchdringende, schneidende, beißende Kälte. Wenn der gute heilige Dunstan dem bösen Geist mit einem Hauch dieses Wetters um die Nase gefahren wäre, statt die ihm sonst vertrauten Waffen zu gebrauchen, hätte er wahrhaftig ein kräftiges Gebrüll erhoben. Der Besitzer einer kleinen, jungen Nase, die von der hungrigen Kälte angenagt und angeknabbert war wie Knochen von Hunden, bückte sich zu Scrooges Schlüsselloch herab, um ihn mit einem Weihnachtslied zu erfreuen, doch beim ersten Ton von

>Gott segne dich, lieber Herr,
Nichts möge dich erschrecken!«

ergriff Scrooge das Lineal mit solchem Schwung, daß der Sänger entsetzt die Flucht ergriff und das Schlüsselloch dem Nebel und dem noch verwandteren Frost überließ.

Endlich war die Stunde gekommen, das Büro zu schließen. Unwillig kletterte Scrooge von seinem

Stuhl herab und bedeutete diese Tatsache still-schweigend dem wartenden Angestellten, der sofort die Kerze ausblies und den Hut aufsetzte.

»Sie möchten morgen frei haben, nehme ich an«, sagte Scrooge.

»Wenn es Ihnen paßt, Sir.«

»Es paßt mir nicht«, sagte Scrooge, »und es ist nicht gerecht. Wenn ich Ihnen dafür eine halbe Krone abzöge, kämen Sie sich schlecht behandelt vor, möchte ich wetten.«

Der Angestellte lächelte vage.

»Doch Sie finden nicht«, sagte Scrooge, »daß *ich* schlecht behandelt bin, wenn ich Ihnen für einen Tag, an dem Sie nicht arbeiten, Lohn zahle.«

Der Angestellte wandte ein, daß es doch nur einmal im Jahr sei.

»Eine armselige Entschuldigung dafür, einem Mann an jedem fünfundzwanzigsten Dezember das Geld aus der Tasche zu locken!« sagte Scrooge und knöpfte den Mantel bis zum Kinn zu. »Aber vermutlich brauchen Sie den ganzen Tag. Seien Sie am nächsten Morgen um so zeitiger hier.«

Der Angestellte versprach es, und Scrooge ging knurrend hinaus. Das Büro war im Nu geschlossen, und der Angestellte, dem die langen Enden seines weißen Schals bis zur Taille herabbaumelten (einen Mantel besaß er nicht), schlitterte zu Ehren des Weihnachtsabends zwanzigmal am Ende einer Schlange von Jungen die Cornhill entlang, und dann rannte er, so schnell er nur konnte, nach Camden Town heim, um Blindekuh zu spielen.

Scrooge nahm sein trauriges Abendessen wie gewöhnlich in seinem traurigen Gasthaus ein, und nachdem er sämtliche Zeitungen gelesen und den Rest des Abends mit seinem Kontobuch verbracht hatte, machte er sich auf den Heimweg, um schlafen zu gehen. Er bewohnte die Zimmer, die früher seinem verstorbenen Partner gehört hatten. Es war eine düstere Flucht von Räumen in einem zusammenfallenden Gebäude neben dem Hof, wo es so wenig hinpaßte, daß man kaum umhinkonnte, sich vorzustellen, es müsse, als es noch ein junges Haus war, beim Versteckspielen mit anderen Häusern dorthin gelaufen sein und nicht mehr zurückgefunden haben. Jetzt war es allerdings alt und trostlos, denn außer Scrooge wohnte niemand mehr darin. Die anderen Räume waren als Büros vermietet. Der Hof war so dunkel, daß sich selbst Scrooge, der dort jeden Stein kannte, mit den Händen vorwärts tastete. Nebel und Frost hingen so schwarz in dem alten Eingang des Hauses, daß es schien, als ob der Wettergott in trauerndem Grübeln auf der Schwelle säße.

Nun ist es eine Tatsache, daß an dem Türklopfer nichts Besonderes war, nur seine Größe. Es ist auch eine Tatsache, daß Scrooge ihn morgens und abends gesehen hatte, seit er dort wohnte; ebenso daß Scrooge von dem, was man Phantasie nennt, genausowenig besaß wie jedermann in London [...]. Und dann möge mir jemand erklären – falls er das kann –, wie es kam, daß Scrooge, als er den Schlüssel ins Schloß steckte, in dem Klopfer – ohne daß dieser zwischendurch einen Wandel durchmachte – nicht einen Klopfer, sondern Marleys Gesicht sah. [...]

Er blieb einen Augenblick unschlüssig stehen, ehe er die Tür schloß, und blickte zuerst vorsichtig dahinter, als ob er fast erwartete, durch den Anblick von Marleys Zopf erschreckt zu werden, der in den Hausflur hineinragte. Aber an der Rückseite der Tür war weiter nichts als die Schrauben und Muttern, die den Klopfer hielten. Deshalb sagte er »Ach was!« und schlug die Tür krachend zu.

Der Schall hallte durch das Haus wie Donner. Jedes Zimmer oben und jedes Faß unten im Keller des Weinhändlers schien sein eignes Echo zu haben. Scrooge war nicht der Mensch, der sich durch Echos erschrecken ließ. Er verschloß die Tür, durchquerte den Hausflur und stieg die Treppe hinauf, allerdings langsam, denn im Gehen putzte er die Kerze.

Es läßt sich kaum sagen, daß man mit einem Sechsspänner eine gute alte Treppe hinauffahren oder ein schlechtes neues Gesetz durchbringen könne; ich behaupte aber, daß man in diesem Treppenhaus sogar einen Leichenwagen hochbekommen hätte, und zwar quer, mit der Deichsel zur Wand und der Tür zum Geländer hin, und das mit Leichtigkeit. Die Breite dafür war vorhanden, überhaupt genügend Platz. Das ist vielleicht der Grund, warum Scrooge glaubte, vor sich in der Dunkelheit eine sich bewegende Bahre zu sehen. Ein halbes Dutzend Gaslampen auf der Straße hätten den Flur nicht ausreichend erleuchtet, und so kann man sich vorstellen, daß es mit Scrooges Kerze recht finster war.

Scrooge stieg hinauf und scherte sich den Teufel darum. Dunkelheit ist billig, und das liebte Scrooge.

Bevor er aber seine schwere Tür schloß, ging er durch alle Zimmer, um nachzusehen, ob alles in Ordnung sei. Die Erinnerung an das Gesicht war noch stark genug, um dies für angebracht zu halten.

Wohnzimmer, Schlafzimmer, Rumpelkammer. Alles, wie es sein sollte. Keiner unter dem Tisch, keiner unter dem Sofa, ein kleines Feuer im Kamin, Löffel und Schüssel standen bereit, das kleine Töpfchen mit der Haferschleimsuppe (Scrooge hatte eine Erkältung) auf dem Kamineinsatz. Niemand unter dem Bett, niemand im Schrank, niemand in seinem Schlafrock, der in verdächtiger Weise an der Wand hing. Die Rumpelkammer wie üblich: ein altes Kamingitter, alte Schuhe, zwei Fischkörbe, der Waschständer mit drei Beinen und ein Schürhaken.

Ganz beruhigt machte er die Tür zu und schloß sich ein; er schloß sogar zweimal herum, was sonst nicht seine Gewohnheit war. Somit gegen Überraschungen gefeit, legte er die Krawatte ab, zog Schlafrock und Pantoffeln an und setzte die Nachtmütze auf. Dann nahm er vor dem Kamin Platz und aß seine Haferschleimsuppe.

Es war wirklich ein kleines Feuerchen, lächerlich für einen so bitterkalten Abend. Er mußte dicht dabeisitzen und sich herüberbeugen, um von solch einer Handvoll Kohle wenigstens ein geringes Gefühl der Wärme zu spüren.

Ein Weihnachtsbaum
im viktorianischen England

Heute abend habe ich einer fröhlichen Kinderge-
sellschaft zugeschaut, die sich um dieses wunderschöne Spielzeug aus Deutschland – einen Weihnachtsbaum – versammelt hatte. Der Baum war in
der Mitte eines großen runden Tisches aufgestellt
und ragte wie ein Turm hoch über den kleinen Köpfen. Eine Vielzahl kleiner Lichter erleuchtete ihn
prächtig, und überall funkelten und glitzerten bunte
Gegenstände. Da versteckten sich kleine Püppchen
mit rosa Wangen in den grünen Nadeln, und von
den Zweigen hingen winzige Uhren, die bewegliche
Zeiger hatten und beliebig oft aufgezogen werden
konnten. Überall waren polierte Tischchen, Stühl-
chen, Bettchen, Kleiderschränkchen, kleine Uhren,
die sogar acht Tage lang gingen, und zahlreiche andere kleine Möbelstücke befestigt (entzückend aus
Wolverhamptoner Zinn gefertigt), als wären sie für

einen Feenhaushalt bestimmt. Auch gab es fröhliche kleine Männer mit breiten Gesichtern, die viel hübscher aussahen als lebende männliche Wesen. Das war auch kein Wunder, denn man konnte ihre Köpfe abnehmen, und dann zeigte sich, daß ihr Inneres voller Zuckerpflaumen steckte. Auch hingen im Baum kleine Fiedeln und Trommeln, Tamburine, kleine Bücher, Handarbeitskästchen, Malkästchen, Bonbondöschen, Guckkästen und unzählige andere winzige Behältnisse. Für die größeren Mädchen schaukelten Schmuckstücke, viel schöner als die Dinge aus Gold und Juwelen für die Erwachsenen. Neben winzigen Körbchen und Nadelkissen waren kleine Flinten, Schwerter und Fahnen zu erkennen; Hexenfiguren in einem Zauberkreis waren bereit zu weissagen; Würfel zum Drehen, Kreisel, Nadeldöschen, Tintenwischer, Riechfläschchen, Unterhaltungskarten, Blumenväschen, echte Früchte, die durch Abreiben mit Goldpapier einen künstlichen Glanz erhalten hatten; zudem nachgemachte ausgehöhlte Äpfel, Birnen und Walnüsse, in denen kleine Überraschungen steckten. Kurz, es gab alles – wie ein niedliches kleines Mädchen vor mir entzückt einem anderen niedlichen Mädchen, wohl seiner engsten Freundin, zuflüsterte: »Es gibt hier alles und noch mehr!« Diese bunte Ansammlung aller möglichen Gegenstände bedeckte den Baum wie ein Mantel aus Zauberfrüchten, in dem sich die von allen Seiten auf ihn gerichteten leuchtenden Augen spiegelten. Einige reichten kaum bis an die Tischkante, während andere noch in schüchterner Bewunderung an der Brust ihrer hübschen Mütter, Tanten und Kindermädchen ruhten. Das Ganze waren Wirklichkeit gewordene Traumbilder aus der Kindheit. [...]

Jetzt, da ich wieder daheim und allein und offenbar im ganzen Haus der einzige bin, der noch wach ist, wandern meine Gedanken unaufhaltsam in die eigene Kindheit zurück. Ich überlege, was wohl am stärksten in der Erinnerung haftengeblieben ist von den Weihnachtsbaumzweigen der Kindheit, an denen wir hinauf in das wirkliche Leben geklettert sind.

Genau in der Mitte des Zimmers, weder durch beengende Wände noch durch eine niedrige Decke behindert, erhebt sich ein imaginärer Weihnachtsbaum. Während ich zu der traumhaften Helligkeit der Baumspitze hinaufblicke, sehe ich zurück in meine frühesten Weihnachtserinnerungen und bemerke, daß sich der Baum nach unten zu auszudehnen scheint.

Als erstes registriere ich lauter Spielzeug: Ganz oben zwischen grünen Stechpalmenblättern und roten Beeren sitzt ein Clown mit den Händen in den Hosentaschen, der sich niemals hinlegen konnte, denn wenn man ihn auf den Boden ausstrecken wollte, drehte er seinen Körper in kreisenden Bewegungen so lange, bis er sich ausgetrudelt hatte. Mit seinen Hummeraugen starrte er mich an. Ich tat immer so, als ob ich ganz laut lachen müßte, doch im Grunde meines Herzens kam er mir höchst unheimlich vor. Dicht daneben befand sich jene höllische Schnupftabaksdose, aus der ein dämonischer Rechtsanwalt in schwarzer Robe mit total verzottelten Haaren und einem weit geöffneten Mund aus rotem Tuch heraussprang. Er war einfach nicht abzuschütteln, dieser schreckliche Kerl. Im Traum sprang er, wenn man es am wenigsten erwartete, In vergrößerter Gestalt aus riesigen Schnupftabaksdosen. Auch der Frosch mit dem Schusterpech auf dem Schwanz war in unmittelbarer Nähe. Nie konnte man voraussehen, wohin er plötzlich springen würde. Er war zum Fürchten, wenn er über eine

Kerze flog und sich einem mit seinem gesprenkel-
ten Rücken (rot auf grünem Grund) plötzlich auf die
Hand setzte. Die Dame aus Pappkarton in einem
blauen Seidenkleid, die man gegen einen Kerzenleuchter lehnte, damit sie tanzen konnte, und die
auf demselben Zweig saß, war dagegen harmlos
und zudem wunderschön, was sich von dem großen
Hampelmann aus Pappe beim besten Willen nicht
sagen ließ, der üblicherweise an die Wand gehängt
und durch eine Schnur bewegt wurde. Sein Gesichtsausdruck war finster. Und wenn er, wie so häu-
fig, seine Beine um den Hals schlang, wirkte er
furchterregend, ein Wesen, mit dem man nicht gern
allein war. […]

Ich habe mir damals nie die Frage gestellt, wor-
aus der liebe alte Esel mit den Tragekörben – da
sitzt er ja – gefertigt war, erinnere mich aber, daß
sich sein Fell echt anfühlte. Und das große schwarze
Pferd mit den runden roten Flecken, das ich sogar
besteigen konnte – niemals habe ich mich über sein
sonderbares Aussehen gewundert oder gar darüber
nachgedacht, warum man ein solches Pferd für gewöhnlich nie in New-Market zu sehen bekam. Und
die direkt danebenlaufenden vier Pferde von unbe-

stimmter Farbe, die vor einen Käsewagen gespannt und auch wieder ausgespannt werden konnten und ihren Stall unter dem Klavier hatten, schienen ihre Schwänze und Mähnen aus Resten eines Pelzkragens erhalten zu haben und statt auf Beinen auf Holzstöcken zu stehen. Damals aber, als sie als Weihnachtsgeschenk in unser Haus gebracht wurden, war alles anders! Damals war alles an ihnen in Ordnung, und auch ihr Geschirr war nicht lieblos auf den Körper genagelt, wie es jetzt den Anschein hat. Die klingenden Instrumente des Musikkarrens bestanden, soviel hatte ich herausgefunden, aus Federkiel, Zahnstocher und dünnem Draht. Den kleinen Clown in Hemdsärmeln freilich, der ständig auf der einen Seite einer Holzleiter hinauf- und auf der anderen Seite kopfüber hinunterlief, hielt ich schon damals für einen ziemlichen Dummkopf, wenn auch einen gutmütigen. Doch die Jakobsleiter neben ihm, die aus lauter kleinen roten Holzquadraten bestand, die sich klappernd und scheppernd übereinanderschoben, wobei auf jedem Holzstückchen ein anderes Bild erschien, belebt durch winzige Glöckchen, das war ein beeindruckendes Wunder und mein ganzes Entzücken.

Ach, und das Puppenhaus, das allerdings nicht mir gehörte und das ich nur besichtigen durfte. Das Parlamentshaus bewunderte ich nicht halb so sehr wie dieses Haus mit seiner Front aus richtigen Steinen und richtigen Glasfenstern und seinen Türschwellen und einem richtigen Balkon, der begrünter war als jeder Balkon, den ich je wieder zu Gesicht bekam, außer in Badeorten, und selbst die waren nur eine armselige Nachbildung. Obgleich man die gesamte Hausfront auf einmal öffnen mußte (was für mich, ich muß es gestehen, ein Schock war, da es die Vorstellung von der Existenz eines Treppenhauses zunichte machte), so brauchte ich sie doch nur wieder zu schließen, um erneut an das Vorhandensein einer richtigen Treppe zu glauben. Es gab drei separate Zimmer, ein Wohnzimmer und ein Schlafzimmer, beide elegant möbliert, und als bestes von allem eine Küche mit einem ungewöhnlich zierlichen Schüreisen und einer üppigen Ausstattung mit winzigen Geräten – oh, die Wärmflasche! – und einem aus Zinn gegossenen Koch im Profil, der stets damit beschäftigt war, zwei Fische zu braten. [...]

Die Zweige des Weihnachtsbaumes werden niedriger und dicker. Weihnachtserinnerungen drängen sich dicht an dicht. Schulbücher schießen aus ihnen herab. Da hängen Ovid und Vergil, jetzt in vollkommener Untätigkeit, die Dreisatzrechenaufgaben mit ihren längst erledigten kalten und unverschämten Fragen, Terenz und Plautus, auf keiner aus eingekerbten und tintenfleckigen Pulten und Bänken improvisierten Bühne mehr gespielt. Weiter oben sind Kricket-Schlaghölzer, Holzstümpfe und Bälle zu sehen, umschwebt vom Duft des niedergetretenen Grases und den in der Abendluft gedämpften Zurufen. Der Baum ist immer noch frisch und fröhlich. Wenn ich auch selbst nicht mehr zur Weihnachtszeit in mein Elternhaus reise, so wird es doch, Gott sei Dank, solange die Welt besteht, immer Jungen und Mädchen geben, die das tun. Sie werden auf den Zweigen meines Baumes tanzen – der Himmel segne sie in ihrer Fröhlichkeit –, und mein Herz tanzt und spielt mit ihnen. [...]

Umgeben von den guten Gedanken in der Weihnachtszeit, möge sich die Erinnerung an meine Kindheit stets unwandelbar erhalten! In dem freudigen Gefühl, welches diese Jahreszeit mit sich bringt, sei der helle Stern über dem ärmlichen Dach in Bethlehem der Stern der ganzen Christenheit!

[…] Unschuld und Gastfreundschaft seien stets willkommen unter den Zweigen des Christbaums, die keinen bedrohlichen Schatten werfen. Und während er im Boden versinkt, höre ich es durch die Zweige flüstern: »Dies zum Gedenken an das Gesetz der Liebe und Menschenfreundlichkeit, der Barmherzigkeit und des Mitleids. Dies zum Gedenken an mich!«

Der Geist der diesjährigen Weihnacht

Als Scrooge aus einem erstaunlich zähen Schnarchen erwachte und sich im Bett aufsetzte, um seine Gedanken zu ordnen, mußte ihm nicht erst gesagt werden, daß es bald wieder eins schlagen würde. Er spürte, daß er gerade im rechten Augenblick zum Bewußtsein gelangt war, eigens zu dem Zweck, mit dem zweiten von Jacob Marley geschickten Boten zusammenzutreffen. [...]

Die ganze Zeit lag er auf seinem Bett und war der Kern und Mittelpunkt eines rötlichen Lichtstrahls, der sich darüber ausbreitete, als die Glocke die Stunde anzeigte, und der ihn, gerade weil es nur Licht war, mehr beunruhigte als ein Dutzend Geister, da er nicht herausbekommen konnte, was er bedeutete oder was daraus werden könnte. [...] endlich also begann er zu erwägen, daß die Quelle und das Geheimnis dieses gespenstischen Lichtes im

Nebenzimmer sein könnte, woher es bei näherem Hinsehen auch zu kommen schien. Als dieser Gedanke völlig von ihm Besitz ergriffen hatte, stand er leise auf und schlurfte in seinen Pantoffeln zur Tür.

In dem Moment, da Scrooges Hand auf der Klinke lag, rief ihn eine seltsame Stimme beim Namen und bat ihn einzutreten. Er gehorchte.

Es war sein eignes Zimmer. Darüber bestand kein Zweifel. Aber es hatte eine überraschende Veränderung erfahren. Wände und Decke waren so mit lebendem Grün behangen, daß sie wie ein richtiger Hain aussahen, in dem überall hell glänzende Beeren funkelten. Die frischen Blätter von Stechpalmen, Mistelzweigen und Efeu reflektierten das Licht, als ob dort viele kleine Spiegel verstreut wären; und eine so mächtige Flamme stieg lodernd in den Schornstein hinauf, wie ihn dieser Herd aus grauer Vorzeit zu Scrooges oder Marleys Zeiten seit unzähligen Wintern nicht mehr erlebt hatte. Auf dem Fußboden waren Truthähne, Gänse, Wild, Geflügel, Eberfleisch, riesige Keulen, Spanferkel, lange Ketten von Würsten, Pasteten, Plumpuddings, Fässer mit Austern, rotglühende Kastanien, rotbäckige Äpfel, saftige Orangen, süße Birnen und ungeheure Dreikönigskuchen zu einer Art Thron aufgebaut, und bro-delnde Punschgefäße vernebelten das Zimmer mit ihren köstlichen Dampfschwaden. Auf diesem Ruhe-lager saß behaglich ein lustiger, wunderbar anzuse-hender Riese, der eine brennende Fackel in der Form eines Füllhorns trug und sie hoch, ganz hoch hielt, um ihren Schein auf Scrooge zu werfen, als er um die Tür äugte.

»Komm herein!« rief der Geist. »Komm herein und lerne mich besser kennen, Mann!«

Scrooge trat zaghaft ein und ließ vor diesem Geist den Kopf hängen. Er war nicht mehr der verbissene Scrooge, der er gewesen, und obwohl der Geist ei-nen klaren, freundlichen Blick hatte, mochte er ihm nicht begegnen.

»Ich bin der Geist der diesjährigen Weihnacht«, sagte der Geist. »Sieh mich an!«

Scrooge tat es voller Ehrfurcht. [...]

Der Geist der diesjährigen Weihnacht erhob sich.

»Geist«, sagte Scrooge unterwürfig, »führe mich, wohin du willst. Gestern nacht ging ich gezwunge-nermaßen mit und bekam eine Lehre, die jetzt nachwirkt. Wenn du mich etwas lehren sollst, laß mich heute den Nutzen daraus ziehen.«

»Faß meinen Umhang an!«

Scrooge tat, wie ihm geheißen, und hielt sich fest.

Stechpalme, Mistel, rote Beeren, Efeu, Truthähne, Gänse, Wild, Geflügel, Eberfleisch, Fleischkeulen, Schweine, Würste, Austern, Pasteten, Puddings, Obst und Punsch, alles verschwand sofort. Auch das Zimmer, das Feuer, die rötliche Glut, die nächtliche Stunde, und sie standen am Weihnachtsmorgen auf den Straßen der Stadt, wo die Menschen (denn es war bitter kalt) eine rauhe, aber flotte und nicht unangenehme Art von Musik machten, indem sie vom Pflaster vor ihren Wohnungen und von den Dächern ihrer Häuser den Schnee zusammenkratzten, was den Jungen eine tolle Freude machte, wenn sie ihn auf die Straße herunterplauzen und zu einem künstlichen kleinen Schneesturm zerstieben sahen.

Die Häuserfronten sahen ziemlich schwarz aus und die Fenster noch schwärzer; sie stachen gegen die glatte weiße Schneedecke auf den Dächern und den etwas schmutzigeren Schnee auf dem Boden ab, in dessen jüngste Schicht die schweren Räder der Karren und Wagen tiefe Furchen gegraben hatten, Furchen, die sich zu Hunderten von Malen überschnitten, wo die großen Straßen abzweigten und verschlungene Kanäle bildeten, die man in dem dicken gelben Schlamm und dem Eiswasser schwer verfolgen konnte. Der Himmel war düster, und selbst die kleinsten Straßen waren von einem schmuddeligen, halb getauten, halb gefrorenen Nebel erfüllt, dessen schwerere Bestandteile in einem Regen rußiger Teilchen niedergingen, als ob alle Schornsteine Großbritanniens wie auf Verabredung Feuer gefangen hätten und nun nach Herzenslust qualmten. Weder die Witterung noch die Stadt waren sonderlich freundlich, dennoch lag eine gewisse Heiterkeit über allem, die sich die klarste Sommerluft und strahlendste Sommersonne vergeblich bemüht hätten zu verbreiten.

Denn die Leute, die den Schnee von den Dächern schaufelten, waren ausgelassen und fröhlich. Von den Fensterbrüstungen riefen sie sich allerlei zu, und hin und wieder tauschten sie aus Spaß einen Schneeball – ein harmloseres Geschoß als manch spöttisches Wort – und lachten herzlich, wenn er traf, und nicht weniger herzlich, wenn er danebenging.

Die Geschäfte der Geflügelhändler waren noch halb offen, und die Obstgeschäfte strahlten in vollem Glanz. Da standen große, runde, dickbäuchige Körbe mit Nüssen, prall wie die Westen fröhlicher alter Herren, die an den Türen lehnen und in ihrer zum Schlagfluß neigenden Fülle hin und her taumeln. Da gab es rosige, bräunliche, umfangreiche spanische Zwiebeln, die in ihrer Beleibtheit wie spanische Mönche strahlten und von ihren Regalen herab wollüstig und schelmisch den jungen Mädchen zublinzelten, wenn sie vorübergingen und geziert zu dem dort hängenden Mistelzweig blickten. Birnen und Äpfel waren zu bunten Pyramiden aufgebaut; Bündel von Weintrauben hatte der wohlmeinende Ladenbesitzer so angebracht, daß sie gut sichtbar am Haken hingen und den Passanten das Wasser umsonst im Munde zusammenlaufen ließen. Es gab Haufen von Haselnüssen, moosig und braun, die mit ihrem Duft an frühere Spaziergänge durch die Wälder und an vergnügtes Schlurfen durch knöcheltiefes welkes Laub erinnerten. Saftige Norfolk-Äpfel, dick und braun, die sich vom Gelb der Apfelsinen und Zitronen absetzten, schrien bei ihrem Reifegrad förmlich danach, in Tüten nach Hause getragen und nach dem Essen verzehrt zu werden. Selbst die Gold- und Silberfische, die in einem Glas zwischen den erlesenen Früchten gezeigt wurden, schienen zu wissen, obwohl sie einer stumpfsinnigen und trägen Rasse angehörten, daß etwas vor sich ging; und einer der Fische schwamm, nach Luft schnappend, in langsamer und leidenschaftsloser Aufregung in ihrer kleinen Welt umher.

Und die Lebensmittelgeschäfte, o diese Lebensmittelgeschäfte! Sie waren schon fast geschlossen, vielleicht fehlten nur noch ein oder zwei Fensterläden, doch was bot sich durch diese Spalten für ein Anblick! Es war nicht nur, daß Waagschalen, wenn sie auf den Ladentisch stießen, einen fröhlichen Ton von sich gaben oder daß der Bindfaden so flink von seiner Rolle ablief oder daß die Blechbüchsen wie bei einem Zauberkunststück auf und ab bewegt wurden oder daß die vermischten Düfte von Tee und Kaffee angenehm in die Nase stiegen oder daß die Rosinen so reichlich und ausgezeichnet, die Mandeln so außergewöhnlich weiß, die Zimtstangen so lang und gerade, die anderen Gewürze so köstlich, die kandierten Früchte dermaßen von geschmolzenem Zucker verkrustet und befleckt waren, daß sie den kühlsten Betrachter schwach und damit ärgerlich machten. Auch lag es nicht daran, daß die Feigen feucht und fleischig waren oder daß die französischen Pflaumen mit ihrer milden Säure aus reichverzierten Büchsen herableuchteten oder daß dies alles gut zu essen und weihnachtlich verpackt war, sondern die Kunden hatten es alle so eilig und waren so eifrig in der Hoffnung auf das, was ihnen dieser Tag verhieß, daß sie an der Tür gegeneinanderrannten, mit ihren Weidenkörben zusammenstießen, ihre Einkäufe auf dem Ladentisch liegenließen, zurückgerannt kamen, um sie zu holen, und in der denkbar besten Stimmung Hunderte ähnlicher Fehler begingen, während der Lebensmittelhändler und seine Angestellten so lustig und munter waren, daß die blank polierten Herzen, mit denen sie hinten die Schürzen zubanden, ihre eigenen gewesen sein könnten, die sie zur allgemeinen Besichtigung und extra für die Weihnachtsdohlen trugen, damit diese daran picken könnten.

Aber bald riefen die Kirchenglocken alle guten Menschen in die Kirchen und Kapellen, und sie kamen herbei und zogen in ihrer besten Kleidung und mit ihren fröhlichsten Gesichtern scharenweise durch die Straßen. Zur gleichen Zeit tauchten aus vielen Nebenstraßen, Gassen und namenlosen Querstraßen unzählige Menschen auf und brachten ihre Festbraten zum Bäcker. Der Anblick dieser armen Nachtschwärmer schien den Geist sehr zu interessieren, denn er stand mit Scrooge im Torweg eines Bäckers, hob die Deckel, wenn ihre Träger vorbeigingen, und bespritzte das Essen mit Weihrauch aus seiner Fackel. Es handelte sich um eine besondere Fackel, denn ein- oder zweimal, als zwischen einigen Essenträgern, die sich angerempelt hatten, böse Worte fielen, schüttete er daraus ein paar Tropfen Wasser auf sie, und sofort war die gute Laune wiederhergestellt. Denn sie sagten, es sei eine Schande, sich am Weihnachtstag zu streiten. Und das war es auch! Bei Gott, das war es!

Allmählich verstummten die Glocken, und die Bäckereien wurden geschlossen; dennoch deuteten die aufgetauten Flecken auf den Backöfen, deren Steine dampften, als würden sie selbst gebacken, diese Mahlzeiten und das Fortschreiten ihrer Zubereitung geheimnisvoll an. [...]

Es war eine lange Nacht, wenn es überhaupt nur *eine* Nacht war; Scrooge hatte aber darüber seine Zweifel, weil die Weihnachtstage in den Zeitraum zusammengedrängt zu sein schienen, den sie gemeinsam verbrachten. Es war auch seltsam, daß der Geist, während Scrooge äußerlich unverändert blieb, allmählich sichtbar älter wurde. [...]

»Ist das Leben eines Geistes so kurz?« fragte Scrooge.

»Mein Leben auf dieser Erde ist sehr kurz«, erwiderte der Geist. »Es geht heute nacht zu Ende.«

»Heute nacht?« schrie Scrooge.

»Heute um Mitternacht. Horch! Die Zeit rückt näher.« [...]

Die Uhr schlug zwölf.

Scrooge drehte sich nach dem Geist um – und erblickte ihn nicht mehr. Als der letzte Schlag verklungen war [...], sah er eine feierliche Gestalt, in Falten gehüllt und mit einer Kapuze auf, wie Nebel über den Boden auf sich zukommen.

Die Erscheinung näherte sich langsam, würdevoll und schweigend. Als sie fast bei ihm war, fiel Scrooge auf die Knie, denn in der Luft, durch die sich dieser Geist bewegte, schien er ein geheimnisvolles Dunkel zu verbreiten.

Er war in ein tiefschwarzes Gewand gehüllt, das seinen Kopf, sein Gesicht und seine Umrisse verbarg und nichts sichtbar ließ außer einer ausgestreckten Hand. Ohne diese wäre es schwer gewesen, seinen Körper von der nächtlichen Dunkelheit abzuheben und ihn von der ihn umgebenden Finsternis zu trennen. […]

»Stehe ich vor dem Geist der zukünftigen Weihnachten?« fragte Scrooge.

Der Geist gab keine Antwort, wies aber mit der Hand nach vorn.

»Du willst mir die Schatten von Dingen zeigen, die nicht geschehen sind, sich aber in der vor uns liegenden Zeit zutragen werden«, fuhr Scrooge fort. »Ist das so, Geist?«

Der obere Teil des Gewandes wurde einen Augenblick lang in seinen Falten zusammengezogen, als ob der Geist das Haupt geneigt hätte. Das war die einzige Antwort, die er erhielt. […]

»Geist der Zukunft!« rief er aus, »ich fürchte dich mehr als jedes Gespenst, das ich bisher gesehen habe. Da ich aber weiß, daß es deine Absicht ist, mir Gutes zu tun, und da ich hoffe weiterzuleben, um ein anderer Mensch zu werden, als der ich war, bin ich bereit, dir mit dankbarem Herzen Gesellschaft zu leisten. […] Ich will Weihnachten in Ehren halten und versuchen, es das ganze Jahr hindurch zu tun.

107

Ich möchte in der Vergangenheit, Gegenwart und Zukunft leben. Die Geister aller drei sollen in mir wetteifern. [...]«

In seiner Todesangst ergriff er die Geisterhand. Sie versuchte sich zu befreien, er war aber stark in seiner Bitte und hielt sie fest. Der Geist zeigte sich jedoch noch stärker und stieß ihn zurück.

Während er die Hände zu einem letzten Gebet erhob, damit sich sein Schicksal wende, sah er eine Veränderung an der Kopfbedeckung und Bekleidung der Erscheinung vor sich gehen. Sie schrumpfte ein, fiel zusammen und verschwand in einem Bettpfosten. [...]

»Ich weiß nicht, was ich tun soll!« rief Scrooge, im selben Atemzug lachend und weinend, und machte mit den Strümpfen einen wahren Laokoon aus sich. »Ich bin leicht wie eine Feder, ich bin glücklich wie ein Engel, ich bin ausgelassen wie ein Schuljunge. Mir ist schwindelig wie einem Betrunkenen. Jedem frohe Weihnachten! Der ganzen Welt ein glückliches neues Jahr! Hallo! He! Hallo!« [...]

»Ich weiß nicht, welchen Tag des Monats wir haben!« sagte Scrooge. »Ich weiß nicht, wie lange ich unter den Geistern geweilt habe. Ich weiß überhaupt nichts. Ich bin wie ein kleines Kind. Macht nichts. Ist mir egal. Ich möchte fast ein kleines Kind sein. Hallo, he, hallo!«

Seine heftige Erregung wurde durch die Kirchenglocken eingedämmt, die das fröhlichste Geläut erschallen ließen, das er je vernommen. Bim, bam, bum; ding, dang, dong. Dong, dang, ding; bum, bam, bim! O herrlich, herrlich!

Er rannte zum Fenster, öffnete es und steckte den Kopf hinaus. Kein Dunst, kein Nebel; klar, hell, heiter, aufregend und kalt. So kalt, daß einem das Blut zu tanzen begann. Goldenes Sonnenlicht, ein göttlicher Himmel, wohltuend frische Luft, lustige Glocken. O herrlich, herrlich!

»Was ist heute für ein Tag?« rief Scrooge zu einem Jungen im Sonntagsstaat hinunter, der vielleicht herangeschlendert war, um sich ein wenig umzusehen.

»Wie?« erwiderte der Junge, aufs höchste verwundert.

»Was heute für ein Tag ist, mein lieber Freund?« fragte Scrooge.

»Heute?« erwiderte der Junge. »Na, Weihnachten.«

»Weihnachten«, sagte Scrooge zu sich selbst. »Ich habe es nicht verpaßt. Die Geister haben alles in einer Nacht erledigt. Sie können alles, was sie wollen. Natürlich können sie das. Hallo, mein lieber Freund!«

»Hallo!« erwiderte der Junge.

»Kennst du das Geflügelgeschäft in der übernächsten Straße an der Ecke?« fragte Scrooge.

»Und ob ich das kenne«, antwortete der Bursche.

»Ein gescheiter Junge!« sagte Scrooge. »Ein bemerkenswerter Junge! Weißt du, ob der preisgekrönte Truthahn schon verkauft ist, der dort hing? – Nicht der kleine preisgekrönte Truthahn, sondern der große?«

»Was, der so groß ist wie ich?« fragte der Junge zurück.

»Was für ein entzückender Junge!« sagte Scrooge. »Es ist ein Vergnügen, sich mit ihm zu unterhalten. Ja, mein Sohn, der.«

»Er hängt noch da«, erwiderte der Junge.

»Wirklich?« fragte Scrooge, »dann geh und kauf ihn.«

»Unsinn!« rief der Junge.

»Nein, nein«, sagte Scrooge. »Ich meine es ernst. Geh und kaufe ihn und laß ihn herbringen, damit ich die Anweisung geben kann, wohin er gebracht werden soll. Komm mit dem Mann zurück, und ich schenke dir einen Schilling. Kommst du mit ihm in weniger als fünf Minuten zurück, schenke ich dir eine halbe Krone.«

Der Junge schoß davon. Wer einen Schuß nur halb so schnell hätte abgeben wollen, der hätte eine sehr ruhige Hand am Abzug haben müssen.

»Ich werde ihn Bob Cratchits Familie schicken«, flüsterte Scrooge, rieb sich die Hände und wollte sich totlachen. »Er soll nicht wissen, wer ihn schickt. Er ist zweimal so groß wie der kleine Tim. Joe Miller hat nie so einen Witz gemacht, wie es meine Sendung an Bob sein wird!«

Seine Hand war nicht ruhig, als er die Adresse schrieb, aber irgendwie schrieb er sie doch und ging auf die Straße hinunter, um die Haustür zu öffnen und für den Geflügelhändler bereitzustehen. Als er dort auf dessen Erscheinen wartete, fiel sein Blick auf den Türklopfer.

»Ich werde ihn lieben, solange ich lebe!« rief Scrooge und streichelte ihn. »Früher habe ich ihn kaum beachtet. Was für einen ehrlichen Gesichtsausdruck er hat! Es ist ein wunderbarer Türklopfer! – Da kommt ja der Truthahn. Hallo, he! Wie geht's? Frohe Weihnachten!«

Das *war* vielleicht ein Truthahn! Er konnte nie auf seinen Beinen gestanden haben, dieser Vogel. Er hätte sie im Nu zerbrochen wie Siegellackstangen.

»Aber es ist unmöglich, ihn bis Camden Town zu tragen«, sagte Scrooge. »Sie brauchen eine Droschke.«

Das Kichern, mit dem er das sagte, und das Kichern, mit dem er den Truthahn bezahlte, und das Kichern, mit dem er die Droschke bezahlte, und das Kichern, mit dem er den Jungen belohnte, wurde nur noch von dem Kichern übertroffen, mit dem er sich atemlos auf seinen Sessel niederließ und kicherte, bis ihm die Tränen kamen. [...]

Aber am nächsten Morgen war er zeitig im Büro. Oh, er war zeitig da. Wenn er nur als erster dort sein und Bob beim Zuspätkommen erwischen könnte. Das hatte er sich fest vorgenommen.

Und es gelang ihm wirklich. Die Uhr schlug neun. Kein Bob. Viertel zehn. Kein Bob. Er kam volle achtzehneinhalb Minuten zu spät. Scrooge saß bei weit geöffneter Tür, damit er ihn den Kasten betreten sehen konnte.

Bob hatte den Hut abgenommen, bevor er die Tür öffnete, und den Wollschal ebenfalls. Im Nu saß er auf seinem Stuhl und schrieb mit seiner Feder drauflos, als wollte er neun Uhr überholen.

»Hallo!« knurrte Scrooge mit seiner üblichen Stimme, so gut er sich verstellen konnte. »Was denken Sie sich eigentlich, erst um diese Zeit herzukommen?«

»Es tut mir sehr leid, Sir«, sagte Bob. »Ich habe mich verspätet.«

»Wirklich?« wiederholte Scrooge. »Ja, ich glaube auch. Kommen Sie einmal hierher, Sir, wenn ich bitten darf.«

»Es ist nur einmal im Jahr«, warf Bob ein und kam aus seinem Kasten heraus. »Es soll nicht wieder vorkommen. Ich war gestern ziemlich lustig, Sir.«

»Nun will ich Ihnen etwas sagen, mein Freund«, sagte Scrooge. »Ich bin nicht gewillt, mir das noch länger mit anzusehen. Und deshalb«, fuhr er fort, wobei er vom Stuhl sprang und Bob so einen Stoß vor die Brust versetzte, daß dieser in seinen Kasten zurücktaumelte, »und deshalb möchte ich Ihr Gehalt erhöhen!«

Bob zitterte und näherte sich dem Lineal. Vorübergehend ging ihm durch den Sinn, ob er Scrooge damit niederschlagen, ihn festhalten und die Leute auf dem Hof um Hilfe und eine Zwangsjacke bitten sollte.

»Frohe Weihnachten, Bob!« sagte Scrooge mit einer Ernsthaftigkeit, die nicht mißverstanden werden konnte, als er ihm auf den Rücken klopfte. »Ein fröhlicheres Weihnachtsfest, lieber Bob, als ich Ihnen so manches Jahr bereitet habe! Ich werde Ihr Gehalt erhöhen und mich bemühen, Ihrer hart ringenden Familie zu helfen, und wir wollen Ihre Angelegenheit heute nachmittag bei einer Weihnachtsbowle aus dampfendem Bischof besprechen, Bob! Heizen Sie tüchtig ein, und kaufen Sie noch einen Kohlenkasten, bevor Sie auch nur ein Tüpfelchen auf ein i setzen, Bob Cratchit!«

Ländliche Weihnacht

Wenn wir das gute alte Weihnachtsfest erleben wollen – das echte traditionelle Weihnachtsfest des alten England –, müssen wir es auf dem Lande suchen. Es gibt Gründe, die auch heute noch ihre Gültigkeit haben, warum das ländliche Weihnachtsfest nicht so wie das städtische verändert werden kann. Die Jahreszeiten selbst diktieren das Fest. Das Jahresende ist in den ländlichen Regionen eine Zwischenzeit der Muße, die letztlich einzige vollständige Ruhepause im Jahr. Und alle Einflüsse und günstigen Gelegenheiten treffen hier zusammen, um daraus eine Jahreszeit der Freizeit und Festlichkeit zu machen. Wenn das Wetter dann so ist, wie es zu dieser Zeit eigentlich sein soll, ist das Herbstgetreide eingebracht, und der sprießende Winterweizen liegt sicher verwahrt unter einer Schneedecke. Alles ist erledigt, was zu der Zeit für den Boden getan werden kann. Was das Auslichten, Stutzen und Instandsetzen in der Landwirtschaft betrifft, so kann man sich all diese Dinge für den letzten Teil des Winters vorbehalten; es reicht, wenn die Pflanzarbeiten vor Lichtmeß |2. Februar| vorgenommen werden. Die Pflege der Hecken, die Reinigung der Gräben, das Zurückschneiden der Wegbegrenzung und das Ausbessern der Landstraßen können zwischen dem Dreikönigstag |6. Januar| und dem ersten Frühjahrspflügen erfolgen. Doch sollen vierzehn Tage ganz der Fröhlichkeit gewidmet sein und so eine echte Pause schaffen.

Eine solch festliche Zeit erfordert ein gerüttelt Maß an Vorbereitung, insofern ist Weihnachten auch in dieser Hinsicht in ländlichen Gebieten eine weitaus gewichtigere Angelegenheit als irgendwo sonst. Das Starkbier muß gebraut werden. Wochen vorher müssen Schweine geschlachtet werden, ihr Schmalz wird gebraucht, ihr Speck muß geräuchert werden, ihre Schinken sind gefragt. Und wenn Sülze in die Stadt geliefert werden soll, muß sie fertig sein, bevor die Schulkinder zu den Feiertagen nach Hause kommen. Zudem ist für das Mästen der Truthähne und Gänse zu sorgen. Zwanzig bis vierzig

Stück sind für London und etwa ein halbes Dutzend für den Hausgebrauch bestimmt. Wenn der Edelmann oder der Bauer oder der ländliche Ladenbesitzer in die große Stadt reist, um für Söhne und Töchter die Geschenke zu besorgen, hat er gleichzeitig einen Großteil des Familieneinkaufs zu erledigen. Neben der Bestellung beim Kurzwarenhändler und dem Ordern von Kaffee, Tee, Trockenobst und Gewürzen darf er die Kartenspiele für Loo und Whist nicht vergessen. Vielleicht hat er auch noch einen geheimen Auftrag eines Nachbarn, Geigensaiten zu kaufen, damit dieser rechtzeitig für seinen Weihnachtsauftritt üben kann.

Nun gibt es auf dem Lande eine Gruppe von Menschen, für die der Monat Dezember alles andere als eine festliche Jahreszeit ist, und das sind die Landköchinnen. Und daß du sie ja nicht im selben Atemzug mit den Stadtköchinnen nennst! Für die menschliche Vorstellungskraft ist es einfach überwältigend, worauf Landköchinnen alles achten müssen. Allein eine Gänsepastete ist eine Großtat, die einen mit Stolz erfüllen kann, was schon für die ganz gewöhnliche gilt und erst recht für die höhere Pastete, mit einer kompletten Gans im Inneren, garniert mit den Teilen einer zweiten und angereichert mit ein bis zwei Hühnern, sowie einem Fasan und als Lückenfüllern einigen Lerchen, die Spitze überglänzt mit Eiweiß und verziert mit Blättern aus Pastetenteig nebst Trieben und Ranken und einem Bündel der delikatesten geräucherten Vogelfüße, die aus der Mitte herausragen. Der Backofen ist der Köchin liebstes Kind und zugleich ihr Sklave und zu dieser Jahreszeit das Wichtigste in ihrem Leben. Sie verhätschelt ihn, sie läßt ihm seinen Willen, sie beschimpft ihn, und sie arbeitet an ihm ohne Rast und Ruh. Bereits vor Tagesanbruch macht sie sich an ihm zu schaffen und bäckt ihr Haferbrot, ein Brot, das die perfekte Zurichtung des Ofens erfordert! Lange Reihen von Haferkeksen hängen über ihm, auf daß sie bis zum Frühstück knusprig werden. Wenn sie kroß sind, werden sie weggenommen, um Platz für neue zu schaffen, denn schwerlich kann man von ihnen zu viel machen. Nach dem Frühstück, und zwar den ganzen Tag lang, bereitet und bäckt sie Fleischpasteten, mit »Minzmeat« gefüllte Weihnachtspasteten, Würstchen in Blätterteig, Fruchtpasteten und Kuchen in allen Formen, Größen und Farben. Und nachts, wenn sie vor Erschöpfung kaum noch stehen kann, drosselt sie das Ofenfeuer und setzt den großen Vorratstopf für die Fleischbrühe und alle möglichen schmackhaften Reste auf, damit sie leise vor sich hin zieht, während alles außer dem trägen Feuer schläft. Sie möchte, daß die lieben Kleinen hereinkommen, nicht um herumzumanschen und herumzulärmen, sondern um Ingwerbrot und Käsekuchen herzustellen. Lieber würde sie es selbst machen, als die Mädchen im Wege zu haben, doch ihnen das zu sagen, bringt sie nicht über das Herz. Im Gegenteil, sie gibt ihnen Ingwer und schneidet für sie großmütig die Limonenschale, in der Hoffnung, daß das Wetter inzwischen schön genug geworden ist, damit sie mit ihren Brüdern eine Weile in den Wald gehen können, um Stechpalmenzweige und Efeu zu holen. Währenddessen erklärt das Milchmädchen – und sie wiederholt es jede Weihnacht –, daß sie noch nie eine solche Nachfrage nach Sahne und Butter erlebt habe. Und das vor dem Dreikönigstag, wo derlei noch gar nicht frisch zu haben ist. Und wie soll sie zu dieser Jahreszeit massenweise Eier beschaffen, wie man es von ihr erwartet? Nachdem das Ingwerbrot gebacken, die rosigsten

Äpfel aus dem Stroh in der Apfelkammer geholt, Katzen, Hunde und Kanarienvögel gefüttert sind und man mit ihnen gespielt hat, laufen die kleinen Mädchen hinaus, um zu sehen, was die Jungen machen.

Die Forstarbeiter wollen zum Schmücken des Hauses etwas anderes als das ewige Grünzeug besorgen. Sie halten Ausschau nach dem dicksten, härtesten und knotigsten Stubben, den sie finden können und der in dem offenen Kamin in der Küche Platz findet. Ein knorriger Ulmenstumpf entspricht am meisten ihren Vorstellungen. Sie hauen ihn auf die passende Größe zu, um ihn ins Haus schaffen zu können, und stellen sich vor, daß ihre freie Zeit an diesen Festtagen so lange dauern wird, wie dieser Klotz dem Feuer standhält, wobei sie überzeugt davon sind, daß es ungewöhnlich schwierig sein wird, gerade diesen ganz aufzubrennen. Ist diese Arbeit getan, geht einer der Forstarbeiter mit den Jungen und Mädchen in das Unterholz, wo der Ilex am dicksten wächst. Indem er ein spezielles scharfes, gebogenes Gärtnermesser benutzt, vermeidet er einen Großteil der Beschädigung, die beim Herausreißen und -zerren der Zweige sonst entstehen würde. Die armen kleinen Vögel, die im Winter die Stechpalmen zu Vogelhäusern umfunktionieren, indem sie die roten Beeren picken und zwischen den glänzenden Blättern Obdach finden, sind furchtbar verschreckt. Sie stieben nach allen Seiten auseinander, hinauf auf eine alte Eiche, wohin ihnen keiner folgen wird. Aber, o weh! Nirgendwo im Wald findet sich ein echter Mistelzweig. Mitten in der Küche soll er von der Decke hängen, damit die Jungen und Mädchen unter ihm Küsse erhaschen und ihren Spaß haben. Was man gefunden hat, trägt keine roten Beeren, und kein Druiden-Zauber wird es umschweben. Es wird nichts als ein Immergrünbüschel sein, das die einen »mistletoe« und die anderen »bob«, Büschel, nennen, vermutlich eine Verballhornung von »bough«, Ast. Wenn alle ihre Zweige zusammengebunden und auf ihren Schultern verschnürt haben und Knopflöcher, Hüte und Mützen mit Reisern und Beeren lustig geschmückt sind, ist es Zeit, nach Hause zu gehen. Denn an diesem Weihnachtsabend ist noch viel zu tun, und die Sonne mit ihren sanften gelben Strahlen steht schon zwischen den Hügeln und nicht mehr über ihnen.

121

Eine Fülle von Arbeiten steht an, insbesondere wenn ein Dorf in der Nähe ist. Zuallererst ist das Haus mit Grün zu dekorieren, und dann muß beim Schmücken der Kirche geholfen werden. Der »Bob« darf allerdings nicht vor dem nächsten Morgen aufgehängt werden, doch über jede Tür kommt ein grüner Zweig, und die Bleigitter der Fenster werden mit frischen Schößlingen bestückt, und jeder Bilderrahmen und Spiegel und Kerzenleuchter ist verziert. Ganz kleine Kinder, die zu jung zum Helfen sind und auch nicht in die Nähe des Kamins kommen dürfen, heben die verstreuten Ilexblätter auf und bitten die Großen, sie ins Feuer zu werfen, was eine Folge herrlicher Knackgeräusche hervorruft und auflodernde Flammen und leuchtende, weit geöffnete Augen. Mittendrin – hört nur! ist das nicht die Kirchenglocke? Die Jungen laufen hinaus, um zu horchen, und bestätigen, daß es so ist – das »Weihnachtsgeschäft« (oder die Kollekte) beginnt gerade, und so begeben sich alle, die dazu fähig sind, in die Kirche.

Dort ist es trotz der Kerzen, der Nächstenliebe und anderer guter Dinge, die hier gesammelt werden, sehr kalt. Bis die Glocke zu läuten aufgehört hat, sind einige Herren sowie eine Anzahl von Witwen, betagten Männern und Waisenkindern eingetroffen. Es gibt stapelweise gespendete Wolldecken und Bestellscheine für Brennkohle, ein Herr hat sogar einen Sack mit Silbergeld geschickt, ein anderer zwei oder drei bereits küchenfertig zerlegte Schafe und wieder ein anderer eine Batterie von Brotlaiben. Jungen laufen herbei und bringen eine Leiter, um die Säulen zu schmücken. Sie balgen sich auf der Galerie und wagen sich unter dem Vorwand, die Kirche auszuschmücken, auf die Kanzel. Wenn die Almosen verteilt und die armen Leute nach Hause gegangen sind, werden die Kirchentüren geschlossen. Wollen die Jungen jetzt noch bleiben, müssen sie sich ruhig verhalten, denn der Organist und die Chorknaben beginnen mit der Probe des Chorals, der am nächsten Tag gesungen werden soll. Wenn die Jungen nicht ruhig sind, werden sie hinausbefördert.

Im Dorf herrscht rege Geschäftigkeit. Die Gerichtsbeamten sitzen im großen Saal des Gasthofs über ihren Justizfällen. Der Gasthof scheint festlich erleuchtet zu sein. Die Kellner gleiten durch die Halle, und auf der Treppe stehen der alte Polizeibeamte, der neue Landpolizist, der Steuerbeamte und der Postbote. Es ist so kalt, daß ihnen bald etwas dampfend Heißes zum Trinken gebracht wird. Und der arme Postbote zeigt sich in seiner Schwäche. Weihnachten ist für diesen einfachen Menschen eine anstrengende Zeit. Überall ist er gern gesehen und wird reichlich beschenkt, so daß er aufpassen muß, daß er nicht zu viel trinkt und dafür angeschwärzt wird. Trotz der Kälte gibt es Frauen, die vom oder zum Kaufmann huschen, um immer dieselben Sachen zu holen. Jeder treuen Kundin überreichen die Kaufleute an diesem Abend zwei Dinge: eine gute gegossene Kerze und eine Muskatnuß, weil die Frauen morgen früh bei Kerzenlicht aufstehen müssen, um etwas zuzubereiten, das mit Muskat gewürzt wird. Insofern geht eine große Anzahl von Frauen mit einer Kerze und einer Muskatnuß vorüber, während andere mit einer Flasche oder einem Krug die Stufen heraufkommen und zum Ausschank gehen, um einige Gläser Rum zu trinken. Da schlägt die Uhr zur Abendbrotzeit, und die Jungen gehen nach Hause.

Manch einer wundert sich beim Essen, daß die echte ovale Weihnachtspastete tatsächlich in der Form einer Krippe serviert wird. Sie symbolisiert die vielfältigen und reichhaltigen Geschenke, die die Heiligen Drei Könige einst zur Krippe brachten. Und während die Kleinen auf diese Neuheit starren, stellen andere fest, daß es eine wunderbare Idee der alten Heiden auf der Insel gewesen sei, ihre Behausungen mit immergrünen Zweigen zu schmücken, damit sie in dieser Zeit des Frosts und der bitterkalten Winterstürme eine Zuflucht für die Waldgeister sein konnten. Manches Kind blickt schüchtern auf den größten Ast, der im Zimmer aufgestellt ist, und bildet sich ein, Kobolde unter einem Blatt hocken oder auf einem Zweig tanzen zu sehen. Wenn das Abendessen beendet ist und die Jüngsten schlafen gegangen sind, während man ihnen erzählt hat, sie sollten sich nicht wundern, wenn sie in der Nacht die Sterne singen hören, begibt sich der Rest der Gesellschaft zum Kaminfeuer und beginnt Eßkastanien in einer Schaufel zu rösten und den Holunderpunsch in der innen versilberten altmodischen Kasserolle zu erhitzen. Ein in Gedanken vertiefter Knabe, der in das Feuer starrt, erschrickt, als ihm sein Vater eine Kastanie im Tausch gegen seine Gedanken anbietet. Noch zögert er, doch sein Mut ist erwacht, und tapfer sieht er allen Konsequenzen entgegen, wenn er erzählt, was er gerade gedacht hat. Nur dieses eine Mal möchte er nach Mitternacht in die Ställe gehen, um nachzusehen, ob die Ochsen dort niederknien. Er hat gehört und vielleicht auch gelesen, daß die Ochsen einst am Christtag niederknieten und die Krippe mit ihrem Atem erwärmten und daß alle Ochsen jetzt immer noch in ihren Ställen knien, wenn der Weihnachtstag anbricht. Vater und Mutter wechseln rasch einen verständnisvollen Blick, sie wollen, daß ihr Junge sie ernst nimmt, wenn sie ihm erklären, daß es jetzt, seitdem die neue Zeitrechnung eingeführt wurde, ganz unsicher sei und man sich auf die Ochsen nicht mehr so recht verlassen könne, weshalb es auch nicht der Mühe wert sei, noch um Mitternacht in die Ställe zu gehen, um sie kniend anzutreffen. Einige behaupten, die Ochsen würden pünktlich zum alten Weihnachtsfest niederknien, und wenn das so ist, dann tun sie es bestimmt nicht in dieser Nacht.

Diese Nacht ist nicht die ruhigste des Jahres, auch wenn keiner die Ochsen besucht. Sobald alle schlafen gegangen sind, hören die, die schon wieder halb wach sind, Töne daherbrausen. Und als

126

sich die Kinder daran erinnern, daß die Sterne singen, werden sie ganz wach, liegen mit offenen Augen und Ohren da und spüren, daß morgen Weihnachten ist. Doch an die singenden Sterne können sie nicht mehr glauben, stammt doch die Musik eindeutig von zwei Geigen oder einer Geige und einer Klarinette oder, was auch möglich ist, von einer Geige und einer Trommel, begleitet von ein oder zwei Stimmen, die schwerlich mit Sphärenmusik verglichen werden können. Die Stimmen singen: »Als die Hirten des Nachts ihre Herde hüteten«, und dann – wie wunderbar – sind unter allen Familien dieser Erde gerade sie auserwählt, um mit den guten Wünschen für diese Jahreszeit beglückt zu werden. Ganz sicher wünschen sie dem Hausherrn und der Hausherrin und allen jungen Damen und Herren einen »guten Morgen«, ein »fröhliches Weihnachtsfest und ein glückliches Neues Jahr«. Bevor sich dieses himmlische Geheimnis aufgelöst hat und der entfernte Klang der Geigentöne nicht mehr zu hören ist, umhüllt alle das himmlische Geheimnis des Schlafs und läßt sie bis zum Morgen ruhen.

Das Weihnachtsfest des Charles Barnard

Sechzehn Jahre sind es her, seit ich als ungestümer und unzufriedener Junge England verließ, um nach Australien auszuwandern. [...]

Es ist nicht meine Absicht, hier das Märchen vom Niedergang der Musterkolonie und der Musterkolonisten Südaustraliens zu erzählen sowie den Aufstieg der Kupferminen, den ich nicht selbst erlebt habe. Als sich auf allen Gebieten ein allgemeiner Bankrott entwickelte, nahm ich das Angebot eines prachtvollen, aber rauhbeinigen Oberländers an, der von der alten Kolonie mit einer Vielzahl von Rindern und Pferden herübergekommen war, um sie in Adelaide zu verkaufen. [...] Er bot mir an, mich auf seine Farm im Landesinneren mitzunehmen und einen »Mann aus mir zu machen«. An einem unzugänglichen Berg beschloß ich, Südaustralien den Rücken zu kehren, überließ alles, was ich auf dem Land besaß, der Natur und verkaufte mein städtisches Dasein für fünf Pfund. Ich begann zu erkennen, daß in einer Kolonie Arbeit das einzige Mittel ist, um finanziell voranzukommen. So begab ich mich ganz allein in den fernen Busch und in die Ebene des neuen Siedlungslandes, stets auf der Hut vor grausamen Schwarzen und ständig damit beschäftigt, die wilden Hirten und Kuhjungen meines Oberland-Freundes zu beaufsichtigen. [...]

Bei diesen Beschäftigungen gedachte ich der Weihnachtszeit im lieben alten England. In unserem heißen Sommer des australischen Dezember, wenn der große Fluß am Rande meiner Viehweiden nur noch aus einer Kette kleiner Teiche bestand und mein Vieh ringsum vor Hitze keuchte – in einer solchen ruhigen Abendstunde, wenn die Sterne mit einem in nördlichen Breiten unbekannten Glanz leuchteten und ich mir die gesegnete Nacht vorstellte, als der Stern von Bethlehem die Heiligen Drei Könige auf ihrer frommen Pilgerreise erschreckte und leitete, wanderten meine Gedanken über das Meer nach England. Ich fühlte weder die schwüle Hitze noch den Ruf des Nachtvogels oder das Heulen des Dingos. Ich war jenseits des Ozeans inmitten der Weihnachtsgäste. Ich sah die übermütig glänzenden Gesichter meiner Verwandten und Freunde rund um den Weihnachtstisch leuchten. Das Gebet war gesprochen, die Trinksprüche machten die Runde. Ich hörte, wie man meinen Namen erwähnte, und die fröhlichen Gesichter wurden traurig. Da erwachte ich aus meinem Traum, fand mich ganz allein und weinte. Doch in einem tätigen Leben ist kein Raum für nutzloses Klagen, indes Zeit genug für Überlegungen und Entschlüsse. Nach Traumbildern wie diesem beschloß ich, daß die Zeit reif sei, um am Weihnachtstag den Trinkspruch auf die »abwesenden Freunde« persönlich zu erwidern. [...]

Es war mitten im Winter, als ich in einem kleinen Fischerdorf im äußersten Westen Englands landete. Meine Ungeduld veranlaßte mich, weil Windstille im Kanal herrschte, das erste beste Fischerboot zu nehmen. Je mehr ich mich dem Ufer näherte, um so ungeduldiger wurde ich. [...] Oh, ihr leichtlebigen Menschen der großen Welt, es gibt Freuden, die ihr nie erleben werdet, unter anderen die Begeisterung, ja tiefempfundene, ehrfurchtsvolle Bewunderung für die Bewohner der ländlichen Ebenen, wenn man

wieder einmal nach Hause zu Englands Gärten zu-
rückkehrt! Garten ist das passende Wort, um die Erscheinung Englands auszudrücken, besonders des
Westens, wo sich die leuchtenden grünen Myrten
durch die Winterlandschaft ziehen und die Straßen
in der Nähe jeder Stadt mit reizenden kleinen Land-
häusern gesäumt sind. [...]

Ohne Zwischenfall kam ich auf dem Bahnhof in
der Nähe von York an. Dort mußte ich eine Fahr-
gelegenheit in Anspruch nehmen, um auf einer
Landstraße das Haus zu erreichen, von dem ich
wußte, daß mein Bruder, der ein paar hundert Hek-
tar eigenen Boden bewirtschaftete, zur Weihnachtszeit dort so viele Familienmitglieder wie möglich
versammelte. [...] Ich näherte mich der wohlbekann-
ten Haustür und läutete an einer großen Glocke.
Das Hausmädchen öffnete, ohne etwas zu fragen,
da viele Gäste erwartet wurden. Als ich mich bückte,
um Mantel und Mütze abzulegen, kam ein reizendes
Mädchen in weißem Kleid die Treppe herunter,
schlang die Arme um meinen Hals und rief, während sie mich herzhaft küßte: »Ich habe dich unter
dem Mistelzweig erwischt, Cousin Alfred!« Dann riß
sie sich von mir los, verlor den Halt und rief, wäh-

rend sie mich mit ihren großen, schüchternen Augen anblickte: »Wer bist du? Du bist kein neuer Onkel, nicht wahr?« Oh, wie fühlte ich mich befreit! Das Kind hatte die Ähnlichkeit bemerkt; ich sollte nicht zurückgestoßen werden. Alle meine Pläne, meine Vorbereitungen waren vergessen, ich war mitten unter ihnen, und nach fünfzehn Jahren sah ich endlich das Weihnachtsfeuer, den Weihnachtstisch und die Weihnachtsgesichter wieder, von denen ich so lange geträumt hatte. Diesen Abend zu beschreiben ist unmöglich. Wir saßen bis weit über Mitternacht zusammen, die Kinder verließen nur ungern meine Knie, um ins Bett zu gehen. Meine Brüder bestaunten mich voller Verwunderung, die Schwestern umringten mich, küßten meine braunbärtigen Wangen und drückten meine sonnengebräunten Hände. Gewiß werde ich noch manches gesegnete Weihnachtsfest erleben, aber niemals wieder eins wie dieses, als man den Auswanderer in der Heimat willkommen hieß.

Vorweihnachtliche Kutschfahrt

Im Laufe meines Lebens habe ich nur ein Geheimnis bewahrt: Ich bin ein schüchterner Mensch. Das würde niemand von mir vermuten, und niemand hat es je vermutet. Aber von Natur aus bin ich eben ein schüchterner Mensch. Das ist mein Geheimnis, das ich bis jetzt gehütet habe.

Rühren könnte ich den Leser durch die Aufzählung unzähliger Orte, in denen ich mich nicht aufgehalten habe, durch die Beschreibung unzähliger Menschen, bei denen ich keine kurzen Besuche gemacht und die ich nicht bei mir empfangen habe, durch die Nennung unzähliger gesellschaftlicher Verpflichtungen, denen ich mich nur deshalb entzog, weil ich nach Anlage und Charakter ein schüchterner Mensch bin. Doch ich will den Leser ungerührt zurücklassen und statt dessen erzählen, was ich eigentlich mit dieser Schilderung beabsichtige.

Diese Absicht besteht darin, einen ungeschminkten Bericht von meinen Reisen und Entdeckungen im Gasthaus »Zur Stechpalme« zu liefern, einem Gasthaus, in dem Mensch und Tier gleichermaßen gut aufgehoben sind und in dem ich einst total eingeschneit bin.

Es geschah in dem denkwürdigen Jahr, als ich mich für immer von Angela Leath zu trennen beabsichtigte. Eigentlich wollte ich sie demnächst heiraten, doch da entdeckte ich, daß sie meinen engsten Freund bevorzugte. Seit unserer Schulzeit mußte ich es mir im tiefsten Herzen immer wieder eingestehen, daß Edwin in allem viel besser war als ich. Obwohl es mich zutiefst schmerzte, konnte ich verstehen, wenn Angela ihm den Vorzug gab, und so versuchte ich, beiden zu verzeihen. Aufgrund dieser Umstände beschloß ich, nach Amerika auszuwandern, denn hier wäre ich zugrunde gegangen.

Weder Angela noch Edwin teilte ich meine Entdeckung mit, beabsichtigte aber, jedem einen bewegenden Brief zu schreiben, der meinen Segen und meine Verzeihung enthalten sollte. Wenn ich bereits auf der Fahrt in die Neue Welt sein würde und nicht mehr zurückgeholt werden könnte, sollte das begleitende Dampfschiff, das zum englischen Ufer zurückkehrte, die beiden Briefe zur Post befördern. [...]

Die öde Winterzeit war von Traurigkeit erfüllt, als ich eines Morgens um fünf Uhr früh meine Wohnung verließ. Selbstverständlich hatte ich mich noch bei Kerzenlicht rasiert. Ich fror erbärmlich. Was ich empfand, war jenes allbeherrschende Gefühl, ich wäre aufgestanden, um gehenkt zu werden, ein Gefühl, das für mich mit einem zu frühen Aufstehen unter solchen Umstände unweigerlich verknüpft ist.

Nur zu gut erinnere ich mich noch an den verlorenen Anblick der Fleet Street, als ich den Stadtteil Temple verließ: die Straßenlaternen, die im stürmischen Nordostwind flackerten, als würde sich sogar das Gas unter der Kälte krümmen, die Häuser mit ihren verschneiten Dächern, der kalte, von glitzernden Sternen erfüllte Himmel, die Marktverkäufer und die frühen Müßiggänger, die hin und her liefen, um ihr fast erstarrtes Blut zirkulieren zu lassen, das gastliche Licht und die Wärme der wenigen Kaffee- und Wirtshäuser, die für die Kunden geöffnet waren. Der harte, trockene, eisige Rauhreif, mit dem die Luft erfüllt war (der Wind hatte ihn bereits in jede Ritze getrieben), traf mein Gesicht wie eine Stahlrute.

Es blieben noch neun Tage bis zum Monats- und gleichzeitig zum Jahresende. Das Postschiff Richtung Vereinigte Staaten sollte, wenn es das Wetter zuließ, am ersten Tag des folgenden Monats von Liverpool aus in See stechen. Die Wartezeit bis dahin stand mir voll zur Verfügung. Ich hatte sie bereits in meine Planungen einbezogen und mich entschlossen, einen bestimmten Ort (dessen Namen ich nicht nennen will) in einem entlegenen Winkel von Yorkshire aufzusuchen. Dieser Ort war mir ans Herz gewachsen, weil ich dort Angela zum erstenmal in einem Landhaus begegnet bin. Es tat meiner melancholischen Stimmung gut, mir vorzustellen, daß ich vor meiner Abreise aus dem Vaterland hier winterlichen Abschied nehmen würde. Ergänzen möchte ich noch, daß ich es zu vermeiden gewußt hatte, daß man mich vor meiner geplanten Auswanderung noch hätte aufsuchen können. Ich hatte nämlich letzte Nacht in meinem üblichen Briefstil an Angela geschrieben und ihr mein Bedauern ausgedrückt, daß mich dringende Geschäfte, über die sie peu à peu Einzelheiten erfahren würde, für eine Woche oder zehn Tage von ihr entfernen würden.

Damals gab es noch keine nördliche Eisenbahnlinie, sondern nur Postkutschen. Gelegentlich hatte ich mich dabei ertappt, deren Verschwinden in Gesellschaft anderer heuchlerisch bedauert zu haben. In Wirklichkeit wurden sie von jedermann als eine Strafe Gottes betrachtet. Auf dem schnellsten dieser Vehikel hatte ich vorn neben dem Postillion einen Platz reservieren lassen. Ich mußte mich also zur Fleet Street begeben, um dort mit meinem Handkoffer eine Pferdedroschke zu besteigen. Mit ihr konnte ich bequem den größten Teil der Wegstrecke zum »Pfauhahn« in Islington zurücklegen, um dort die Postkutsche zu erreichen. Dann aber, als einer der Wachmänner aus Temple, der meinen Handkoffer in die Fleet Street trug, mir erzählte, daß die riesigen Eisblöcke, die seit einigen Tagen im Fluß trieben, sich zu einer zusammenhängenden Decke geschlossen hätten und einen Übergang von den Temple-Gärten zum Surrey-Ufer bildeten, fragte ich mich ernstlich, ob der Kutschplatz meinem derzeitigen Unglück nicht ein plötzliches frostiges Ende bereiten würde. Ich litt zwar an gebrochenem Herzen, das war wohl wahr, doch ging es mir noch nicht so schlecht, daß ich hätte wünschen wollen zu erfrieren.

Als ich im »Pfauhahn« ankam, wo jedermann ein Warmbier gegen die Kälte trank, fragte ich, ob nicht im Inneren der Kutsche noch ein Platz zu haben sei. Darauf mußte ich feststellen – ob nun drinnen oder draußen –, daß ich ohnehin nur der einzige Passagier war. Das gab mir bereits eine lebhafte Vorstellung von der Trostlosigkeit des Wetters, denn sonst war diese Kutsche stets gut besetzt. Wie dem auch sei, ich nahm ein kleines Glas Warmbier zu mir (das übrigens ungewöhnlich gut schmeckte) und bestieg die Postkutsche. Als ich saß, packte man mich bis zur Taille in Stroh ein, und in dem Bewußtsein, ziemlich lächerlich auszusehen, begann ich meine Reise.

Als wir den »Pfauhahn« verließen, war es draußen noch dunkel. Nach einer Weile tauchten blasse, unbestimmte, gespenstische Häuser und Bäume auf und verschwanden wieder. Und dann begann ein harter, dunkler, eisiger Tag. Die Bewohner zündeten in ihren Kaminen das Feuer an, und der Rauch stieg senkrecht in die dünne Luft. Wir ratterten über den härtesten Boden, auf dem ich je das Klappern von

Pferdehufen gehört habe, Richtung Highgate-Arkade. Als wir das freie Land erreichten, sah alles ringsum plötzlich grau aus, die Landstraßen, die Bäume, die Strohdächer der Hütten und Anwesen, die Heuschuppen auf den Bauernhöfen. Die Arbeiten in der Natur ruhten, die Pferdetröge der zur Straßenseite gelegenen Wirtshäuser waren hart gefroren, kein Mensch stand müßig davor, die Türen waren fest geschlossen. In den kleinen Häusern der Schlagbaumwärter brannten helle Kaminfeuer, und die Kinder (auch Schlagbaumwärter haben Kinder, und sie scheinen sie offensichtlich zu lieben) schupperten mit ihren molligen Armen die Eisblumen von den kleinen Fenstern, um mit ihren hellen Augen einen Blick auf die vorüberfahrende einsame Postkutsche zu erhaschen. Ich weiß nicht, wann es zu schneien begann. Aber ich erinnere mich, daß wir gerade irgendwo beim Pferdewechsel waren, als ich von dem Schaffner die Bemerkung hörte, »daß die alte Dame oben im Himmel ihre Gänse heute anständig rupfe«. Da erst stellte ich fest, daß die weißen Daunen schnell und dicht fielen.

Der einsame Tag verging. Ich verbrachte ihn, indem ich vor mich hin döste, wie es alle allein Reisenden tun. Wenn ich gegessen und getrunken hatte – besonders nach dem Mittagsmahl –, fühlte ich mich warm und mutig, ansonsten aber kalt und niedergeschlagen. Ständig brachte ich Zeit und Ort durcheinander und war mehr oder minder ohne Bewußtsein. Kutsche und Pferde schienen unentwegt das Lied zu singen: »Die schöne alte Zeit«. Mit größter Präzision hielten sie Takt und Ton, und mit einer Genauigkeit, die mir fast tödlich erschien, steigerten sie sich zu Beginn des Refrains. Beim erneuten Pferdewechsel gingen Schaffner und Postillion auf der Landstraße stampfend auf und ab, drückten ihre Schuhsohlen in den Schnee und kippten so viel flüssigen Trost in sich hinein, ohne dadurch irgendeinen Schaden zu erleiden, daß ich sie, als es erneut zu dunkeln begann, für zwei große weiße, aufrecht stehende Fässer hielt. Gelegentlich stürzten unsere Pferde, und wir halfen ihnen wieder auf, was übrigens die angenehmste Abwechslung für mich war, da es mir dabei warm wurde. Und es schneite und schneite und schneite immerfort und hörte nicht auf zu schneien. Die ganze Nacht ging es so fort. Auf diese Weise fuhren wir den folgenden Tag zwölf Stunden lang auf der großen Nordstraße zu der musikalischen Dauerdarbietung von »Die schöne alte Zeit«. Und es schneite und schneite und schneite immerfort und hörte nicht auf zu schneien.

Ich habe vergessen, wo wir am zweiten Tag zu Mittag waren und wo wir hätten sein sollen. Aber ich weiß, daß wir zig Meilen im Rückstand waren und daß sich unsere Lage mit jeder Stunde verschlechterte. Der Schnee wurde erstaunlich tief, die Meilensteine waren zugeschneit, die Landstraße und die Felder bildeten eine weiße Einheit. Anstatt uns an Hecken und Zäunen orientieren zu können, fuhren wir knirschend über eine ununterbrochene Fläche von geisterhaftem Weiß, die jeden Moment neben uns einzusinken drohte, so daß wir die gesamte Hügelseite hätten hinunterrollen können. Doch Postillion und Schaffner, die zusammen oben auf dem Kutschbock saßen und einander berieten, fanden mit erstaunlichem Spürsinn immer wieder die Fahrtroute.

Als wir uns einer Stadt näherten, sah diese wie eine große Zeichnung auf einer Schiefertafel aus, wobei für Kirchen und Häuser, auf denen der Schnee am höchsten lag, besonders viel Schieferstift verwendet worden war. Beim Einfahren in die Stadt

141

stellten wir fest, daß alle Kirchturmuhren standen, die Zifferblätter unter dem Schnee erstickt und die Gasthausschilder unleserlich geworden waren, als hätte ein weißes Moos den ganzen Ort überwuchert. Auch die Kutsche ähnelte mehr einem Schneeball, und die Männer und Jungen, die bis zum Ende der Stadt neben uns her liefen und die durch den Schnee blockierten Räder vorwärts drehten und unsere Pferde ermunterten, schienen aus Schnee zu sein. Und die kalte, wilde Einsamkeit, in die sie uns schließlich entließen, war wie eine Wüste aus Schnee! Man sollte denken, daß es nun genug gewesen wäre. Nichtsdestotrotz verpfände ich mein Ehrenwort, daß es immer noch schneite und schneite und immerfort schneite und überhaupt nicht mehr zu schneien aufhörte.

Den ganzen Tag lang klang es fort: »Die schöne alte Zeit«. Außerhalb der Städte sahen wir nichts als die Fährten von Wieseln, Hasen, Füchsen und gelegentlichen Vögeln. Aus meinem Dämmerzustand weckte mich um neun Uhr abends in einer Moorgegend in Yorkshire der fröhliche Schall unseres Posthorns sowie der willkommene Klang von Gesprächsfetzen nebst dem Schimmer hin und her pendelnder Laternen. Ich registrierte, daß wir wieder beim Pferdewechsel waren.

Menschen halfen mir aus der Kutsche, und ich fragte einen Kellner, dessen unbedeckter Kopf innerhalb einer einzigen Minute so weiß aussah wie der von König Lear:

»Welches Gasthaus ist das hier?«

»Die ›Stechpalme‹, Sir«, antwortete er.

»Ich glaube, auf Ehrenwort«, sagte ich zu dem Schaffner und dem Postillion, »ich muß hier eine Pause einlegen.«

Nun, der Gastwirt, seine Frau und der Hausdiener, der Postjunge und das gesamte Stallpersonal hatten sich bereits beim Postillion erkundigt, ob er die Reise fortsetzen wolle. Der Postillion hatte schon bestätigt, ja, er würde »sie durchbringen«, womit die Kutsche gemeint war, »sofern George bei ihm aushielte«. George war der Schaffner, und er hatte geschworen, daß er ihm beistehen würde. Da zogen hilfreiche Hände bereits die frischen Pferde aus dem Stall.

Meine auf dieses Gespräch folgende Versicherung, daß ich total zerschlagen sei und die Reise nicht fortsetzen könne, kam nicht unerwartet. […] Unter allgemeinem Einverständnis wurde mein Handkoffer, steif wie ein gefrorener Leichnam, heruntergehoben. Ich gab dem Schaffner und dem Postillion ein stattliches Trinkgeld und wünschte ihnen eine gute Nacht und eine erfolgreiche Weiterfahrt. Mit einem leisen Gefühl der Beschämung, weil ich die beiden im Kampf mit dem Wetter allein gelassen hatte, folgte ich treppauf dem Wirt, seiner Frau und dem Kellner der »Stechpalme«. [...] Noch bevor ich mein Abendessen, bestehend aus gebratenem Huhn und heißem Portwein, beendet hatte, übergab ich dem Kellner meine Anordnungen für die Abfahrt am kommenden Morgen: Frühstück und Rechnung um acht Uhr, eine Eilkutsche um neun, zwei Pferde oder, falls erforderlich, vier.

So müde ich auch war, erschien mir doch die Nacht unendlich lang. In den Pausen, in denen mich ein Alpdrücken kurzfristig verließ, dachte ich an Angela, und bei dem Gedanken, daß ich mich auf dem kürzesten Weg nach Gretna Green befand, fühlte ich mich ganz niedergeschlagen. Was ging mich jetzt Gretna Green an? Nicht auf diesem Weg fuhr ich in mein Verderben, sondern auf dem Umweg über Amerika, wie ich voll Bitterkeit konstatierte.

Am nächsten Morgen stellte ich fest, daß es immer noch schneite, daß es die ganze Nacht geschneit hatte und daß ich eingeschneit war. Niemand kam aus diesem Moorwinkel mehr heraus oder in ihn hinein, bevor nicht die Landstraße von Arbeitern aus dem benachbarten Marktflecken frei geschaufelt sein würde, doch keiner konnte mir sagen, wann sie sich bis zur »Stechpalme« durchgekämpft haben würden.

Nun war der Weihnachtstag heran, und da ich, wo auch immer, eine trübe Weihnachtszeit verlebt hätte, war das nicht so schlimm. Aber eingeschneit zu sein, das war so gut wie erfroren und war überhaupt nicht nach meinem Geschmack. Ich fühlte mich sehr einsam. [...]

Tatsächlich war ich dann eine geschlagene Woche eingeschneit. Die Zeit verging indes rasch, und die »Stechpalme«, so armselig sie mir zu Anfang erschienen war, hielt doch manche Beere für mich bereit, so daß ich die Dauer meines Aufenthaltes sehr bezweifelt hätte, wenn nicht ein dokumentarischer Beweis auf meinem Tisch gelegen hätte. Die Landstraße war am Tag zuvor frei geschaufelt worden, und das betreffende Dokument war meine Hotelrechnung. Sie bezeugte zweifelsfrei, daß ich sieben Tage und Nächte unter den schützenden Zweigen der »Stechpalme« gegessen und getrunken, mich aufgewärmt und geschlafen hatte. [...]

Ich verlangte die Endabrechnung zu acht Uhr des nächsten Abends auf den Tisch und eine Kutsche vor die Tür. Es war acht Uhr abends, als ich mein Reiseschreibpult in sein Lederetui packte, die Rechnung bezahlte und mich in warme Überröcke und Umschlagtücher einwickelte. Alles, was ich jetzt noch zu tun hatte, war, auf der kürzesten freien Straße nach Liverpool zu reisen, dort mein großes Gepäck in Empfang zu nehmen und mich einzuschiffen. [...] Einen kurzen Moment stand ich noch vor der Gasthofstür und sah dem Hausdiener zu, wie er das Seil, mit dem mein Handkoffer auf der Kutsche befestigt war, noch einmal herumschlang, als ich Lichter bemerkte, die sich der »Stechpalme« näherten. Die Landstraße war so hoch mit Schnee bedeckt, daß kein Rädergerassel zu hören war. Aber alle, die in der Tür standen, sahen, daß sich die Lichter zwischen den zu beiden Seiten des Fahrweges aufgetürmten Schneemassen in ziemlich forschem Tempo näherten. Das Zimmermädchen er-

faßte sogleich die Situation und rief dem Hausdiener zu: »Tom, das ist eine Gretna-Tour!« Der
Hausknecht begriff, daß sie instinktiv eine Trauung
oder etwas ähnliches vermutete, und stürmte über
den Hof, während er brüllte: »Alle herauskommen!«
Im selben Moment geriet das ganze Haus in Aufregung.

Ich empfand eine melancholische Anteilnahme,
die männliche Person zu sehen, die liebte und geliebt wurde. Und anstatt sofort abzureisen, verharrte
ich weiter in der Tür, als die Flüchtenden ankamen.
Ein junger, in einen Mantel gehüllter Mann mit
leuchtenden Augen sprang so schnell aus der Kutsche, daß er mich beinahe umgerissen hätte. Er
drehte sich zu mir um, um sich zu entschuldigen –
und, ach du meine Güte, es war Edwin!

»Charley«, stieß er hervor und wich zurück. »Um
Himmels willen, was machst du denn hier?«

»Edwin«, rief ich, ebenfalls zurückweichend, »was
machst *du* um Himmels willen hier?«

Er drängte mich eilig in die kleine Gaststube, in
der die Reisenden zu warten pflegten, wenn ihre
Pferde eingespannt wurden (und in dem immer ein
kleines Kaminfeuer vor sich hin glühte, ohne daß es

geschürt zu werden brauchte). Während er die Tür schloß, sagte er:

»Charley, verzeih mir!«

»Edwin«, antwortete ich, »ist das anständig? Wo ich sie so sehr geliebt, wo ich diese Liebe so lange in meinem Herzen getragen habe?«

Mehr konnte ich nicht sagen.

Er war schockiert, als er sah, wie bewegt ich war, und stellte erschüttert fest, er habe nicht vermutet, daß mir die Angelegenheit so zu Herzen gehen würde.

Ich schaute ihn an, ich machte ihm keine Vorwürfe mehr, blickte ihn nur an.

»Mein lieber, lieber Charley«, sagte er. »Ich flehe dich an, denke nicht schlecht von mir! Ich weiß, du hast ein Recht darauf, daß ich ganz offen zu dir spreche, und glaube mir, ich habe es bis heute immer getan. Ich hasse Heimlichtuerei. Ihre Widerwärtigkeit ist für mich unerträglich. Aber ich und mein geliebtes Mädchen haben deinetwegen unser Geheimnis bewahrt.«

Er und sein geliebtes Mädchen! Ich war total erbost!

»Ihr habt meinetwegen euer Geheimnis bewahrt?« fragte ich ihn und wunderte mich, daß er mir mit offenem Blick derart die Stirn bot.

»Ja, und aus Rücksicht auf Angela!« sagte er.

Ich hatte plötzlich das Gefühl, als ob sich der Raum wie ein Brummkreisel um mich drehte.

»Erkläre es mir«, sagte ich, während ich mich mit einer Hand an einem Armsessel festhielt.

»Mein lieber alter Charley«, wiederholte Edwin in seiner herzlichen Art, »überlege einmal! Du warst mit Angela so glücklich! Warum sollte ich dich da bei dem alten Herrn, dem Vormund meines Mädchens, in Mißkredit bringen, nachdem er meinen Heiratsantrag zurückgewiesen hatte, indem ich dich in unsere Beziehung und unsere geheimen Absichten einweihte? Wenn Angela dennoch etwas vermutet hat und sie mir dennoch alle Gunst und Unterstützung, die ihr möglich war, zukommen ließ – Gott segne sie für ihr weitsichtiges Wesen –, so habe ich daran keinen Anteil. Weder ich noch Emmeline haben ihr je etwas erzählt, genausowenig wie dir. Und nur aus diesem Grund und aus keinem anderen!«

Emmeline war Angelas Cousine, lebte bei ihr, war mit ihr zusammen aufgewachsen, war ihres Vaters Mündel und besaß ein großes Vermögen.

»Ist Emmeline in der Kutsche, mein lieber Edwin?« fragte ich ihn und schloß ihn bewegt in die Arme.

»Mein guter Junge«, rief er aus, »glaubst du, ich fahre ohne sie nach Gretna Green?«

Ich lief mit Edwin ins Freie, öffnete die Kutschentür und schloß Emmeline in meine Arme, drückte sie an mein Herz. Sie war in weiche weiße Pelze gehüllt wie die Schneelandschaft draußen. Aber sie war warm, jung und reizvoll. Ich spannte eigenhändig die frischen Leitpferde an, gab dem Jungen eine Fünfpfundnote und beglückwünschte beide, als sie davonfuhren. So schnell, wie ich nur konnte, eilte ich in entgegengesetzter Richtung davon. Doch wandte ich mich nicht in Richtung Liverpool, wollte jetzt nicht mehr nach Amerika auswandern, sondern reiste zurück nach London und heiratete Angela.

An George Dolby
[24.? Dezember 1869]

WHERE

IS

THAT

TURKEY?

IT

HAS

NOT

ARRIVED

!!!!!!!!!!!!

WO

IST

DIESER

TRUTHAHN?

ER

IST

NICHT

ANGEKOMMEN

!!!!!!!!!!!!

Das neue Jahr

Nach dem Christtage ist das neue Jahr der angenehmste Zeitpunkt in allen zwölf Monaten. Es ist eine weinerliche Gattung von Leuten, welche das neue Jahr mit Wachen und Fasten beginnen, wie wenn sie als Hauptleidtragende bei dem Leichenbegängnisse des alten Dienst zu tun hätten. Wir glauben, es ist für das alte vergangene und für das neu beginnende ein weit größeres Kompliment, wenn man bis in den hellen Tag hinein sitzen bleibt und den alten Burschen lustig schlafen gehen und den jungen erwachen sieht.

In dem verflossenen Jahre muß notwendig manches vorgekommen sein, worauf wir mit Lächeln und mit Lust, wenn nicht mit dem Gefühle des herzlichen Dankes zurückblicken können. Und dem neuen müssen wir dagegen nach Recht und Billigkeit das Zutrauen schenken, daß es ein gutes sein werde, bis es sich unsers Zutrauens unwürdig gezeigt hat.

So sehen wir die Sache an, und ungeachtet unseres Respektes vor dem alten Jahre, von dessen wenigen übriggebliebenen Lebensaugenblicken mit jedem Worte, welches wir schreiben, einer dahingeht – sitzen wir hier an unserem Kamin in der letzten Nacht des Jahres achtzehnhundertsechsunddreißig und schreiben diesen Aufsatz mit einem so muntern Gesichte nieder, als wenn nichts Besonderes passiert wäre oder passieren könnte, was unsern Gleichmut zu erschüttern vermöchte.

Fiaker und Wagen rasseln lärmend nacheinander Straße auf Straße ab und führen ohne Zweifel ihren schön geputzten Inhalt in das Gewimmel der Assembleen; lautes wiederholtes Klopfen an dem Hause mit den grünen Läden gegenüber verkündet der ganzen Nachbarschaft, daß jedenfalls heute in der Straße große Gesellschaft gegeben wird, und wir sahen durch das Fenster und durch den Nebel, bis es endlich so dunkel wurde, daß wir nach Licht schellten und unsere Vorhänge herabließen, während Pastetenbäcker mit grünen Körben auf den Köpfen, möbelzerschellende Frachtwagen mit Rohrstühlen und französischen Lampen nach den zahlreichen Gebäuden eilten, wo zu Ehren des Tages heute das Jahresfest gefeiert wird.

Wir können uns eine solche Gesellschaft recht gut vorstellen – vielleicht ebensogut, als ob wir in gehöriger Gala eben an der Türe des Assemblee-Zimmers angemeldet würden.

Nehmen wir zum Beispiel das Haus mit den grünen Läden. Wir wissen, daß dort heute getanzt wird, denn am Morgen, beim Frühstück, sahen wir einen Bedienten den Fußteppich wegnehmen, und wenn es noch eines weiteren Berichtes bedarf und wir die Wahrheit sagen sollen, so sahen wir auch, wie eine der jungen Damen sich von einer anderen an dem Fenster neben dem Bett das Haar machen ließ, und zwar auf eine so ungewöhnlich prächtige Weise, daß diese sich nur durch einen Hausball rechtfertigen läßt.

Der Besitzer des Hauses mit den grünen Läden bekleidet ein öffentliches Amt; wir sehen dies an dem Schnitt seines Rockes, an dem Knoten seiner Halsbinde und an seinem selbstgefälligen Gang – die sehr grünen Läden selbst haben ein summersethouseähnliches Ansehen.

Horch! ein Cabriolet! Da kommt ein junger Schreiber aus der Kanzlei des Hausbesitzers; ein ganz netter junger Mann, mit starker Hinneigung zu Schnupfen und Hühneraugen; er kommt in Stiefeln mit Vorderteilen von schwarzem Tuch, in der Rocktasche hat er seine Schuhe, welche er in diesem Augenblicke in dem Vorzimmer anzieht. Jetzt wird er von dem Bedienten, der in dem Gange steht, einem andern im blauen Rocke angekündigt – dieser ist ein verkleideter Bureaudiener.

Der Mann an dem ersten Treppengeländer geht ihm bis zu der Türe des Gesellschaftszimmers voran. »Herr Tupple!« ruft er. »Wie geht es Ihnen, Herr Tupple?« sagt der Hausherr und geht von dem Kamin, vor welchem er politisierend und sich wärmend gestanden hatte, auf ihn zu. »Meine Liebe, das ist Herr Tupple (ein freundlicher Gruß von den Damen des Hauses); Tupple, meine ältere Tochter. Liebe Julie, Herr Tupple, Tupple, meine andere Tochter, mein Sohn, Sir.« Tupple reibt sich die Hände und lächelt, als wäre es ein Kapitalspaß, bückt und dreht sich in einem fort, bis die Vorstellung der gesamten Familie vorbei ist, dann gleitet er zierlich auf einen Stuhl an der Ecke des Sofas und eröffnet eine höchst mannigfaltige Unterhaltung mit den jungen Damen über das Wetter, das Theater, das alte Jahr, die jüngste Mordtat, den letzten Luftballon, über Damenärmel, die Festivitäten der Jahreszeit und über eine Menge anderer sonstiger Gemeinplätze eines seichten Geschwätzes.

Abermals ein Doppelschlag! Was kommt doch für große Gesellschaft! – welch unaufhörliches Gesumm der Unterhaltung – das Kaffeegeschlürfe will gar kein Ende nehmen! – Wir sehen nun im Geiste Herrn Tupple auf dem Gipfel seiner Glorie. Er hat just die Tasse der wohlbeleibten alten Dame dem Bedienten hingereicht und schlüpft nun durch den Haufen der junge Leute an der Türe hindurch, um den andern Bedienten abzufassen und den Kuchenteller für die Tochter in Beschlag zu nehmen, bevor er aus dem Zimmer getragen wird; auf seinem Rückwege wirft er den jungen Damen einen so herablassenden und vertraulichen Blick des Einverständnisses und der Gönnerschaft zu, als wenn er seit ihrer Kindheit mit ihnen bekannt wäre.

Ein prächtiger Mann, dieser Herr Tupple – ein ganzer Damenmann! – und was für ein köstlicher Gesellschafter! – Und lachen kann er! – Nein, kein

Mensch versteht Papas Späße nur halb so gut als Herr Tupple: er lacht bei jedem neuen Witz, daß er beinahe Krämpfe bekommt. Und was für ein angenehmer Tänzer! schwatzt in einem fort, und so lustig und ausgelassen er auch anfangs schien, ist er doch so romantisch und gefühlvoll! Zum Küssen! […]

Bei dem Souper zeigt sich Herr Tupple von einer noch vorteilhafteren Seite als den ganzen Abend über, und wenn Papa verlangt, daß jedermann sein Glas füllen soll, um auf ein gutes neues Jahr anzustoßen, so ist es doch zum Totlachen, wie Herr Tupple so drollig darauf besteht, alle jungen Damen müssen ihre Gläser voll haben, trotz ihrer wiederholten Versicherungen, daß sie durchaus nicht im Stande seien, sie zu leeren […].

Die Gesundheit wird unter lautem Beifallrufen getrunken; Dobble bedankt sich, und die ganze Gesellschaft bricht auf, um die Damen in dem anderen Zimmer aufzusuchen. Die jungen Leute, welche vor Tische zu blöde zum Tanzen gewesen sind, wagen jetzt, ihre Worte anzubringen und engagieren sich; die Musiker zeigen unzweideutige Symptome, daß sie, während die Gesellschaft fort war, das neue Jahr angetrunken haben – der Tanz dauert bis an den hellen Morgen des Neujahrstages.

Kaum hatten wir das letzte Wort des vorigen Satzes geschrieben, als der erste Glockenschlag der zwölften Stunde von dem benachbarten Kirchturme erscholl. Es liegt etwas Hehres in dem Tone. Genaugenommen mag er eigentlich nicht eindringlicher sein als zu jeder andern Zeit, denn die Stunden stehlen sich so eilig davon als sonst auch, und ihr Flug ist ungehemmt. Allein wir messen das Menschenleben nach Jahren, und es ist ein feierlicher Schall, welcher uns zuruft, daß wir abermals einen Grenzstein überschritten haben, der zwischen uns und dem Grabe steht. Bemänteln wir es uns aber, wie wir wollen, der Gedanke wird sich uns doch stets aufdrängen, daß, wenn die nächste Glocke abermals das Beginnen eines neuen Jahres verkündet, wir wohl ebenso unempfindlich gegen die zeitliche Mahnung, welche wir so oft nicht beachtet haben, als taub für die warmen Gefühle sein können, welche jetzt in uns glühen.

Quellenverzeichnis

Die mit * versehenen Texte wurden von der Herausgeberin übersetzt; die Überschriften stammen in den meisten Fällen von ihr.

* Motto – The Christmas Tree. In: Stories by Charles Dickens. Oxford o. J.; erstmals erschienen in: Household Words. London 1850.

Die Geschichte von den Kobolden, die einen Totengräber stahlen; Eine Winterreise des Pickwick-Klubs zur Manor Farm; Weihnachtstage auf Manor Farm – Dickens, Die Pickwickier. Übersetzt von Christine Hoeppener. 2 Bände, Berlin 1968, © Rütten & Loening.

* An die Geschäftsleute Bradbury und Evans – The Letters of Charles Dickens. 2 Bände, Oxford 1969.

*Ein Weihnachtsmahl – Boz (d. i. Charles Dickens), Street Sketches of London. In: Evening Chronicles, London 1835.

Der Weihnachtstag eines Geizhalses; Der Geist der diesjährigen Weihnacht – Ein Weihnachtslied in Prosa. In: Dickens, Alle Weihnachtserzählungen. Übersetzt von Margit Meyer. Berlin 1995, © Rütten & Loening 1979.

*Ein Weihnachtsbaum im viktorianischen England – The Christmas Tree, a. a. O..

* Ländliche Weihnacht – Dickens, What Christmas is in Country Places. In: Household Words, Leipzig 1852.

* Das Weihnachtsfest des Charles Barnard – Dickens, What Christmas is after a Long Absence. In: Household Words, Leipzig 1852.

* Vorweihnachtliche Kutschfahrt – Dickens, The Hollytree. In: Household Words, Leipzig 1856.

* An George Dolby – Dolby, Charles Dickens as I knew him. New York 1912.

Das neue Jahr. In: Boz (d. i. Charles Dickens), Skizzen aus dem Londoner Alltagsleben. Übersetzt von Carl Kolb. Stuttgart 1842.

Herausgeberin und Verlag danken der Universitätsbibliothek der Christian-Albrecht-Universität in Kiel und der Stadtbücherei Neumünster für die Unterstützung bei der Beschaffung der Dickens-Texte. Unser Dank gilt Sabine und Frank Bushell, Aukrug, für die Durchsicht und Korrektur der Übersetzungen von »Ländliche Weihnacht« und »Das Weihnachtsfest des Charles Barnard«. Die Herausgeberin dankt der Lektorin des Aufbau-Verlages, Magdalena Frank, für die Betreuung des Bandes.